TAMERA

EIN MODELL FÜR DIE ZUKUNFT

von Leila Dregger

VERLAG MEIGA

Impressum

1. Auflage, September 2010

Layout und Satz: Armin Riemann,
Raphael Buenaventura
Lektorat: Dr. Amélie Weimar
Titelblattgestaltung: Nuno Moreira, NMDesign
Titelfoto: Nigel Dickinson
Fotos: Elias Barrasch, Sancho Bernauer,
Birger Bumb, Nigel Dickinson (S. 14-15,
51 u.r., 70, 71 o.m., 74, 76-77, 91 o.l.,
110 u., 111 o., 112 o.), Leila Dregger,
Dieter Duhm, Achim Ecker,
Lasse Ehrich, Martin Funk,
Angelika Gander, Georg Lohmann,
Lucia Maccagnola,
Jan Oelker (S. 45, S. 61 u., S. 72 l,
S. 82 l., S. 83 o., S. 117 r.m. + u.)
David Osthoff, Florian Raffel, Mark Schlote,
Volker Schneidereit,
Sonja Schulze-Braucks,
Maria João Soares, Simon du Vinage,
Delia Wöhlert und andere.

Druck: Printer Portuguesa

VERLAG MEIGA GbR
Inh: Monika Berghoff, Saskia Breithardt
Waldsiedlung 15
D-14806 Belzig
Tel: +49 (0) 33841-30538
Fax: +49 (0) 33841-38550
(Bei Faxen außerhalb von Deutschland:
+49 (0) 1805 4002 218 202)

Email: info@verlag-meiga.org
Net: www.verlag-meiga.org

ISBN: 978-3-927266-26-1

FSC
www.fsc.org
MIX
Aus verantwortungs-vollen Quellen
FSC® C006423

Gedruckt in Portugal, auf zertifiziertem FSC-Papier
in anerkannter hoher Nachhaltigkeit.

Inhalt

4 Vorwort und Danksagungen

9 **Kapitel 1: Tamera – ein Modell für die Zukunft**

21 **Kapitel 2: Wasser ist Leben. So könnte die Wüstenbildung gestoppt werden**

30 Aufbau eines Modells zur Renaturierung von geschädigten Landschaften – in Südeuropa und der Welt

32 Wer ist Sepp Holzer?

34 Sepp Holzer: Tamera am See

36 Bernd Müller: Mein Traum. Ein Weltmodell für ein anderes Wassermanagement

38 Zum Bau einer Wasserlandschaft

40 Essbare Landschaft und regionale Autarkie

42 Waldaufbau in Mischkultur

45 **Kapitel 3: Das SolarVillage – Solare Intelligenz für das 21. Jahrhundert**

52 Im Testfeld für ein SolarVillage

56 Jürgen Kleinwächter: Energieautonomie statt Grenzsicherung

58 Die Module des SolarVillage

62 Der Scheffler-Spiegel

63 Eine experimentelle Mikro-Biogasanlage

64 Interview in der nahen Zukunft

70 Erde, Lehm und Stroh: die Architektur von Gernot Minke in Tamera

72 Die Mehrzonenarchitektur von Martin Pietsch

75 **Kapitel 4: Tamera, ein Ausbildungsort für die Zukunft**

82 Monte Cerro Peace Education

83 Schule der Zukunft

85 **Kapitel 5: Globaler Campus**

90 Die weltweite Suche nach einer anderen Lebensweise

91 Das IGF und seine Kooperationspartner

94 Sami Awad: Lernen, was es heißen könnte, Mensch zu sein

96 Eduar Lanchero: Das Leben respektieren

98 Pilgerschaften im Namen von Grace und Ring der Kraft

100 Der Global Grace Day

103 **Kapitel 6: Leben in Tamera**

106 Dieter Duhm: Gemeinschaft als Forschungsthema

108 Kunst

110 Der Steinkreis von Tamera

112 Platz der Kinder und Jugendschule „Globales Lernen“

116 Aldeia da Luz

118 Ein neues Verhältnis zu Tieren

121 **Kapitel 7: Wie alles anfing. Die Geschichte von Tamera**

131 Investieren in den Frieden und weitere Informationen

DANKSAGUNG

„Wir danken allen Menschen, die geholfen haben und noch helfen, Tamera und sein internationales Zukunftsnetzwerk aufzubauen.

Wir danken allen Mitgliedern des Förderkreises und allen, die Tamera finanziell unterstützt haben.

Wir danken unseren Kooperationspartnern und Freunden weltweit und möchten einige nennen: Sepp Holzer aus Österreich, Jürgen Kleinwächter aus Deutschland, Sami Awad und alle Mitarbeiter des Holy Land Trust in Palästina, der Professor für Lehmbau-Architektur Gernot Minke, der Zeitzeuge Hans de Boer aus Deutschland, Elke und Felix Maria Woschek, Vassamalli Kurtaz vom Stamm der Todas in Indien, der „Clown-Doktor" Patch Adams, USA, der Geomant Marko Pogacnik aus Slowenien, die Menschenrechtsaktivisten Gloria Cuartas und Padre Javier Giraldo aus Bogotá, die Bewohner und Bewohnerinnen der Friedensgemeinde San José de Apartadó aus Kolumbien, die Gründer des Lassalle-Institutes Pia Gyger und Pater Niklaus Brantschen aus der Schweiz, Evi Guggenheim vom Friedensdorf Neve Shalom/Wahat al Salaam, der Weltmusiker Yair Dalal, David Lisbona, Shmuel Shaul, die Mitarbeiter des Arava-Institutes und alle anderen Freunde in Israel sowie die Freunde in der Schweiz, darunter: Sundar Dreyfus vom Seminarzentrum Schweibenalb, Kurt Eicher, Elisabeth und Hans Jecklin, die Sufi-Lehrerin Annette Kaiser, Gregor Reinhart, Chlous Dettwyler, Francois Wiesmann, Familie Gnägi und Fredy Kradolfer sowie alle Mitglieder des Monte-Cerro-Clubs und die Initiative „1000 Frauen für den Frieden", Richard Weixler von SOS Regenwald aus Österreich, Jorge Caneda, USA, Arun Gandhi, USA, Srinivasan Soundara Rajan (Vasu) vom Barefoot-College in Indien, Gigi Coyle und die Gruppe Beyond Boundaries, USA, Philip Munyasia aus Kenia, Hildur und Ross Jackson, die „Eltern" des Global-Ecovillage-Netzwerkes, Claudio Miranda und seine Band Poesia Samba Soul aus Sao Paulo, Lama Jampal aus Dharamsala und viele andere.

Wir danken allen Freunden und Unterstützern hier in Portugal: der derzeitigen und der vorangegangenen Kreisverwaltung von Odemira mit ihrem Präsidenten Ing. José Alberto Candeias Guerreiro und dem ehemaligen Präsidenten Dr. António Manuel Camilo Coelho, der alten und neuen Gemeindeverwaltung von Relíquias, ihrem Präsidenten Idálio Manuel Gonçalves Guerreiro und dem Ex-Präsidenten José Guerreiro, dem Verein zur Förderung der Regionalentwicklung "Taipa" in Odemira, ihrer Präsidentin Dr. Telma Guerreiro und ihrem Ex-Präsidenten Helder Guerreiro, unseren Kooperationspartnern in den Universitäten, Dr. Ana Firmino von der Neuen Universität Lissabon, Dr. Maria Teresa Pinto Correia von der Universität Évora und Ing. Celestino Ruivo von der Universität Algarve, Dr. Luís Manuel Costa Moreno von der Universität Lissabon, dem Dachverband „ANIMAR" für die Vereine zur Regionalentwicklung Portugals, unseren Beratern und Freunden Dr. Gabriel Dias, José Amorim, dem Naturschutzbeauftragten Pedro Portela, Ing. Alfredo Cunhal, Dr. Fátima Teixeira und Ing. Diogo Ruivo.

Wir danken Lorenço da Costa Pinela, unserem treuen Schäfer und seiner Frau, die uns vom ersten Tag an hier willkommen geheißen haben, der Kooperative von Relíquias, all unseren Nachbarn und den Betreibern der Cafés in den umliegenden Orten für ihre Gastfreundschaft – vor allem Café Marco, Café O Taxi und Restaurant Barreirinho in Relíquias und Café Paula in Ribeira do Salto.

Ganz besonders danken wir all denen, die wir hier nicht persönlich erwähnt haben."

Die Gemeinschaft von Tamera

GRUSSWORTE

Die Kreisverwaltung Odemira kennt das Projekt Tamera seit seiner Gründung und schätzt seine Arbeit, insbesondere die experimentelle ökologische Forschung und die nachhaltige Nutzung von Boden, Pflanzen, Energie und Wasser. Von all seinen Aktivitäten ist die Ausbildung zu Frieden und sozialer Nachhaltigkeit eine der wichtigsten Maßnahmen für eine bessere Welt.

Mit seiner kontinuierlichen Arbeit weist Tamera einen Weg, wie strukturschwache Regionen wie der Alentejo revitalisiert werden können. Südeuropa, das stark von Wüstenbildung und Landflucht bedroht ist, braucht diese Art von Alternativen. In diesem Zusammenhang hat die Kreisverwaltung von Odemira immer innovative Projekte unterstützt, die die lokale Bevölkerung miteinbeziehen und ihre Entwicklung fördern.

Die Besucher und Mitarbeiter von Tamera, die aus vielen Ländern und Kontinenten kommen, bringen neue kulturelle, soziale und wichtige ökologische Impulse in den Landkreis Odemira.

Wir gratulieren zur Veröffentlichung dieses Buches, vor allem aber zur Existenz von Tamera, und wir hoffen auf eine dauerhafte Zusammenarbeit.

José Alberto Guerreiro
Präsident des Landkreises Odemira

Mit großer Freude haben wir die Einladung erhalten, einen Beitrag zu Ihrem Buch über Tamera zu verfassen. Seit der Gründung vor 15 Jahren haben die Bewohner von Tamera sich in bester Weise bemüht, ein harmonisches Verhältnis zu ihrer Umwelt herzustellen und auch zu den Menschen, die hier bereits lebten. Beide Seiten können stolz darauf sein, in all diesen Jahren ein Verhältnis aufgebaut zu haben, das immer enger wird und immer stärker von gegenseitigem Respekt und Zusammenarbeit geprägt ist. Dieses Verhältnis leistet – neben dem Gemeinschaftsaufbau von Tamera selbst – einen wertvollen Beitrag zum Kampf gegen die Entvölkerung des Landkreises Odemira. Tamera ist ohne Zweifel ein dynamischer Faktor im Leben der Gemeinde, und in ein paar Jahren, so hoffen wir, werden wir danken können für die Unterstützung in dieser schwierigen Phase unserer Geschichte, wo die jüngeren Menschen das Land verlassen und die älteren einsam zurückbleiben.

Ich bin froh zu hören, dass die Gemeinschaft Tamera wächst und gedeiht. Es ist nicht nur eine Freude und ein Stolz für uns als Nachbarn, sondern stellt auch eine Chance für die Zukunft der Gemeinde Relíquias dar, die Tamera braucht, ebenso wie Tamera Relíquias braucht.

Mit besten Grüßen!
Idálio Manuel Guerreiro Gonçalves
Präsident des Gemeinderates von Relíquias

„Unter den gegebenen Voraussetzungen ist eine überzeugende Perspektive für ein gewaltfreies Zusammenleben der Bewohner unseres Planeten nicht mehr erkennbar. Um günstigere Voraussetzungen zu schaffen, müssten Zentren entstehen, in denen ein gewaltfreies Zusammenleben des Menschen mit allen Mitgeschöpfen exemplarisch durchdacht und entwickelt werden kann. Der reale Aufbau solcher Zentren ist das Ziel von Tamera."

„Projekterklärung 1", **Dr. Dieter Duhm,** Soziologe, Psychoanalytiker, Gründer von Tamera

Vorbemerkungen der Autorin

Angesichts der globalen Bedrohungen gibt es weltweit Projekte und Einzelpersonen, die mit großem Einsatz eine neue Zukunft vorbereiten. Als Journalistin hatte ich das Privileg, viele dieser Initiativen kennenzulernen. Mein großer Wunsch ist, mit meiner Arbeit einen Beitrag dazu zu leisten, dass diese Gruppen einander kennenlernen, sich immer mehr als kommende planetarische Gemeinschaft erkennen und eine gemeinsame globale Friedenskraft entwickeln. Eine dieser Initiativen ist Tamera.

Beim Schreiben wurde mir klar, dass es unmöglich ist, Tamera in einem einzigen Buch gerecht zu werden. Jeder einzelne Bereich könnte vertieft werden. Ich habe mich deshalb auf diejenigen Projekte von Tamera konzentriert, in denen der Modellcharakter bereits äußerlich sichtbar wird.

Das Besondere an Tamera ist, dass allen Unternehmungen die tiefe Friedens- und Gemeinschaftsforschung zugrunde liegt, die die Träger seit Jahrzehnten betreiben.

So war auch dieses Buch ein Gemeinschaftswerk, viele Menschen haben daran mitgearbeitet. Ich möchte ihnen von Herzen danken:
Den Fotografen, die unentgeltlich ihre Fotos zur Verfügung gestellt haben;
Dr. Amélie Weimar, die zwischen Sprechstunden und medizinischen Notfällen das Lektorat übernahm und deren nüchternen und humorvollen Geist ich sehr schätze;
Armin Riemann für seine Geduld, Schnelligkeit und Kreativität beim Layout und für die Freundschaft, die sich durch die gemeinsame Arbeit vertieft hat;
Raphael Buenaventura für seine Hilfe beim Design.
Ein besonderer Dank an Diogo Ruivo, der mit seinen Kontakten und großem Einsatz half, das Buch in Portugal zu guten und umweltfreundlichen Bedingungen zu produzieren,
an die Übersetzer Anna Bandini, Douglas Baillie, Rita Miranda, António Hall, Petra Finkernagel sowie an alle Korrekturleser.
Ein großer Dank geht auch an die Verlegerin Monika Berghoff.
Sie alle haben unter großem Zeitdruck viel geleistet.
Ich wünsche allen Lesern und Leserinnen gute Inspiration!

Leila Dregger,

geb. 1959, freie Journalistin, war Herausgeberin der Zeitschrift „Die weibliche Stimme – für eine Politik des Herzens" und Autorin des Buches „Ich bin noch nicht in Frieden – Perspektiven für ein neues Frauenbewusstsein". Sie lebt überwiegend in Tamera.

Tamera-Karte von Juliane Paul

Kapitel I

Tamera

Ein Modell für die Zukunft

Sie haben Ideen erträumt

und Willen gebaut.
Sie brachten die Pferde, Vögel und so viele andere Wesen.
Aber ich habe nie verstanden, wie sie diesen Stern
in Form eines weißen Vogels hergebracht haben.
Er ist so groß. (Aber jetzt haben sie einen hier.)
Sie kamen in vielfarbigen Ballons und Zeppelins.
Sie bauten Zelte vieler Farben auf und füllten sie mit Luft.
Und auch die Häuser aus Holz und Erde.
Und dem Himmel gefiel es.
Sie bauten Seen, und die Pflanzen kehrten zurück.
Sie redeten mit den Wolken, und sie sagten: Regen.
Und es füllten sich die Seen mit Wasser und Fischen.
Einige schwammen, und die anderen schauten sich gegenseitig an,
aber alle hatten sie ein unterschiedliches Licht.
Danach säten sie Blumen, und sie wuchsen,
sie warfen Ideen in die Flüsse, und die Flüsse begannen zu fließen.
Und sie sagten zur Sonne: Bleib!
Und sie blieb.

***Pedro Portela**,*
Naturschutzbeauftragter, Relíquias

Auf dem Weg in die Zukunft: Vasco-da-Gama-Brücke in Lissabon

WARUM PORTUGAL?

Ein großer Dank geht an das Gastgeberland dieses Projektes.

Warum wurde Portugal gewählt? Der offensichtlichste Vorteil ist sein Sonnenreichtum, der das Land zum optimalen Standort für die Erforschung dezentraler Energieautonomie macht. Die klimatische und geographische Situation bietet sich für den Aufbau von Wasserlandschaften zur Landschaftsheilung an. Noch überzeugender ist das menschliche Klima: Die Offenheit der Menschen,
die Kooperationsbereitschaft der Behörden und die große Gastfreundschaft der Nachbarn sind sehr berührend. Im Gesamtverband Europas nennt man Portugal das „zum Meer gewandte Gesicht" des Kontinents. Die lange Geschichte der Kolonialisierung bestätigt das. Gleichzeitig nahmen die Bewohner des Landes in allen Zeiten Flüchtlinge, Minderheiten und Andersdenkende auf. Globale Vernetzung und Toleranz haben hier eine lange Tradition.

Doch auch die Probleme des Landes sind offensichtlich. Nicht nur die Welt auf der anderen Seite des Ozeans braucht dringend Lösungen, sondern auch die Welt vor unserer Haustür.
Ist der Alentejo noch zu retten? Die Jugend verlässt die Region, die Dörfer sterben, die Wälder verschwinden, die Wüste breitet sich aus – ebenso wie in ganz Südeuropa. Soweit darf es nicht kommen.

Es gibt auch vieles, das Mut macht. Die Menschen dieses Landes haben durch alle wechselhaften Zeiten der Geschichte eine Kraft bewahrt. Sie haben in einer fast gewaltfreien Revolution eine Diktatur beendet. An vielen Orten sieht man die Überreste eines viel älteren Wissens. Signale weiblich orientierter Religiosität sowie die steinernen Zeugen einer matriarchalen Urkultur vermitteln den Eindruck, dass dieses Land einen Traum träumt: den Traum des Friedens und der Solidarität, den Traum der Verbundenheit mit allen Wesen.

Lasst uns gemeinsam aufwachen und den Traum verwirklichen.

„Nach der Anfangsphase unseres Projektes in Deutschland reifte ein neuer Gedanke: Wir brauchten einen Platz auf der Erde, wo Menschen aus allen Kulturen zusammenkommen können, um außerhalb ihrer gewohnten Strukturen neue Perspektiven zu entwickeln. Auch indianische, buddhistische, afrikanische und andere Impulse sollten dabei einfließen. Wir sahen, dass die Situation unseres Planeten uns dazu zwingt, Pilotmodelle für alle Fragen des Überlebens vorzubereiten. Der Modellcharakter ist notwendig, denn überall auf der Erde werden neuartige Biotope des gewaltfreien Zusammenlebens gebraucht. Die im ersten Modell entwickelten Systeme sollten eine Verallgemeinerbarkeit besitzen, damit sie von anderen Zentren übernommen und weitergeführt werden können. Ich begann damals, Wüstencamps zu leiten, und ging davon aus, dass wir mit ihrer Hilfe innerhalb von drei Jahren den Ort finden würden, an dem eine „Stadt der Zukunft“ organisch vorbereitet werden kann. Die letzten Wüstencamps fanden in Portugal statt. Das Land berührte mich sehr, und es ist kein Zufall, dass tatsächlich drei Jahre später Tamera hier seinen Platz fand.“

Sabine Lichtenfels, Theologin,
Friedensbotschafterin,
Mit-Gründerin von Tamera

Grace-Pilgerschaft durch Portugal 2009

Modell

für die Zukunft

Wie sieht die Zukunft der Menschheit aus? Können wir uns eine Welt vorstellen, in der Menschen in Frieden leben – miteinander und mit der Natur? Ist ein anderes Leben tatsächlich möglich? Die globale Entwicklung macht heute wenig Mut und Lust auf Zukunft. Um uns eine andere Welt, eine positive Zukunft überhaupt vorstellen zu können, brauchen wir Orte, an denen wir sie real aufbauen – zunächst auf kleinem Maßstab. Das ist, kurz gesagt, die Bedeutung von Modellen.

Ein solches Modell für die Zukunft entsteht in Tamera.

Luftaufnahme von Tamera im Sommer 2009

MODELL FÜR DIE ZUKUNFT

Begeben wir uns in den äußersten Südwesten Europas, nach Süd-Portugal. Lassen wir die atlantische Küste mit ihren malerischen Felsformationen und Dünenlandschaften hinter uns und fahren auf den staubigen Straßen ins Landesinnere. Ruhig ist es hier. Nur noch selten kommen wir durch die landestypischen Dörfer mit ihren sorgfältig weiß und blau getünchten Häusern. Auf kargen Hügeln flirrt die Hitze unter Korkeichen und Eukalyptuspflanzungen. Schafe und Ziegen weiden zwischen alten Bauernhäusern. Wer den Alentejo kennt, weiß, dass sich diese Landschaft über Hunderte von Kilometern kaum verändern wird.

Doch jetzt führt unser Weg leicht bergan, macht eine Kurve nach links und – auf einmal liegt eine andere Welt vor uns. Sonnenlicht glitzert auf einem See. Grün und üppig sind seine Uferterrassen, bewachsen mit Gemüse, Obstbäumen und Sonnenblumen. Wir sehen geschwungene Zeltdächer, spiegelnde Solaranlagen und eine Versammlungshalle. Und wir sehen Menschen verschiedener Hautfarbe, aus unterschiedlichen Kulturen. Sie arbeiten oder sitzen zusammen, sind ins Gespräch vertieft oder in die Lektüre eines Textes. Wir sind angekommen: Dies ist die Zukunftswerkstatt Tamera.

Rund 200 Menschen arbeiten, studieren, leben hier, um ein Modell für die Zukunft aufzubauen. Mit seinem Testfeld für ein SolarVillage, seinem Experiment zur Landschaftsheilung durch die Anlage einer Wasserlandschaft und mit seiner international vernetzten Friedensausbildung ist Tamera ein hoch komplexes Zentrum für konkrete Futurologie.

„Silicon Valley des Friedens", so wurde der Platz von Journalisten genannt, andere schrieben: „Paradies im Aufbau". Und im Aufbau ist er tatsächlich. Vieles ist noch unfertig, ungestaltet, pionierhaft, und ob der schlechten Straßen tut man gut daran, festes Schuhwerk mitzunehmen. Ungenutzte Flächen mit Brombeeren und Zistrosen erinnern daran, wie das Gelände ausgesehen hat, bevor Tamera gegründet wurde.

Gleichzeitig ist an allen Ecken auch das Paradieshafte zu sehen, das Ungewöhnliche, das utopische Element. Man spürt: Die Orientierung für den Aufbau des Platzes kommt aus der Freude und dem Kontakt mit dem Lebendigen, aus dem Mut zum Ungewöhnlichen und aus der Sehnsucht nach dem Kommenden. So bewusst einfach das tägliche Leben hier ist und so schlicht teilweise die materielle Ausstattung, so groß ist gleichzeitig das Ziel: Tamera wurde gegründet, um Lösungsvorschläge für globale Probleme zu erarbeiten.

Nach dem Vorbild der Evolution

So ähnlich hat es sich vielleicht Aurelio Peccei vorgestellt. Der Friedensnobelpreisträger und Mitgründer des Club of Rome forderte bereits in den Siebziger Jahren, dass – um die Probleme der Menschheit zu lösen – weltweit Forschungssiedlungen entstehen müssten.

Peccei ging davon aus, dass die Zukunft der Menschheit nicht am Schreibtisch entschieden wird. Die Probleme der Gegenwart sind zu komplex und zu vernetzt, als dass sie voneinander getrennt und durch Spezialisten gelöst werden könnten, so hochausgebildet und gut ausgestattet sie auch sein mögen. Auch verlangen die Probleme nach grundlegenderen und tiefgreifenderen Veränderungen, als sie innerhalb der bestehenden Wirtschafts- und Wissenschaftssysteme gedacht werden könnten, innerhalb derer es ja zu der Gesamtkrise kam. Im Interesse der ganzen Menschheit und aller Mitwesen müssen andere, ungewöhnlichere Wege gefunden werden. Peccei forderte dezentrale Modelle.

Auch die Evolution arbeitet im Fall einer großen Herausforderung experimentell: mit Modellen. Zum Beispiel beim Übergang der ursprünglichen Wasserbewohner zu Landwesen: vor rund 400 Millionen Jahren ein schier unlösbares Problem. Wie sollten sie an Land überleben, wie sollten sie atmen und sich fortbewegen? Es schien unmöglich. Doch die Evolution erzeugte Notwendigkeiten, denn das Leben wollte sich ausdehnen, Grenzen überwinden, Neues schaffen. Und so begann die Natur mit ihrer kreativen Arbeit. Unzählige Strände, Flussbetten und Seeufer wurden zu den Laboratorien der Zukunft. Lösungen wurden entwickelt, ausprobiert, verworfen, korrigiert und wieder ausprobiert.

Solange bis ES funktionierte. Als die ersten Wesen statt Kiemen Ansätze von Lungen und statt Flossen rudimentäre Füße ausgebildet hatten, änderte sich alles. Auf einmal war eine neue Lösungsinformation im System. Sie breitete sich weltweit aus, in Windeseile – jedenfalls nach dem Maßstab der Evolution. In allen Erdteilen, Meeresufern, Süßgewässern entstanden Amphibien.

Nach demselben Prinzip geschahen alle Sprünge der Evolution. Es ist das Prinzip der Grenzüberschreitung und Feldbildung. Auf welchem Wege eine Information des Gelingens sich so schnell ausbreitet, können die Biologen noch nicht mit Sicherheit sagen: Aber sobald die Lösung in einem Teil des Systems gefunden ist, ist sie im Ganzen abrufbar. Denn die Erde und alles Lebendige sind ein Ganzes. Aus den Vorgängen der Evolution zog die Biologin Lynn Margulis eine Schlussfolgerungen für die Herausforderungen der Menschheit.

„Wenn wir die ökologischen und sozialen Krisen, die wir herbeigeführt haben, überleben wollten, wären wir wohl gezwungen, uns auf völlig neue, dramatische Gemeinschaftsunternehmungen einzulassen."

An verschiedenen Orten der Erde haben die von Margulis geforderten dramatischen Gemeinschaftsunternehmungen begonnen. Abseits der großen Zentrallabors, Universitäten und Metropolen finden Zukunftsforscher an Plätzen wie Tamera einen Rahmen für die Anwendung ihrer Entwicklungen unter Praxisbedingungen.

Die Kraft der Modelle

Was ist ein Modell?

Ein Modell ist ein Teil des Ganzen, das groß genug ist, um alle wesentlichen Bereiche zu repräsentieren, und klein genug, um Fehler rasch zu erkennen, zu korrigieren und neue Richtungen einschlagen zu können. Ein Modell kann als Feedback- oder Rückkopplungssystem genutzt werden. Auswirkungen von Eingriffen, die im Gesamtsystem schwer zu analysieren sind, können hier zurückverfolgt und korrigiert werden.

Je vielfältiger die Zusammensetzung eines Modells und je größer die Fähigkeit seiner Mitglieder zur Reflexion und zur Kommunikation ist, desto mehr können die Fragen des Ganzen wahrgenommen und beantwortet werden.

Tamera ist auf dem Weg, ein solches Modell für die Zukunft zu werden. Aufkommende Problemstellungen und Herausforderungen werden als Menschheitsthemen wahrgenommen.

Die „Politische Theorie"

oder: Warum kann man glauben, dass ein lokales Modell eine globale Wirkung entfaltet?

Die Antwort ergibt sich aus der Eigentümlichkeit holistischer (ganzheitlicher) Systeme. Die Menschheit bildet zusammen mit dem gesamten Leben auf der Erde ein holistisches System. Das Ganze wirkt in jedem Teil – und umgekehrt: Was immer in einem Teil geschieht, wirkt auf das Ganze. Diese Wirkung kann minimal sein, sie nimmt aber zu mit der Bedeutung, welche die lokale Veränderung für das Ganze hat. Bei hoher Bedeutung entwickelt sie im Ganzen einen Vorgang, der sich mit den Begriffen der „Resonanz", der „Iteration" und der „morphogenetischen Feldbildung" beschreiben lässt. Dies ist der entscheidende Vorgang für die Ausbreitung einer globalen Friedenskraft. Wird in einem Organismus eine Information eingegeben, die genügend komplex, genügend wichtig und genügend kompatibel ist, so wirkt diese Information in allen Zellen. Wird in den Informationskörper der Erde eine Information eingegeben, die wichtig ist für ein gewaltfreies Zusammenleben der Geschöpfe, so gerät die geistige Schicht der Erde (Noosphäre) in einen „angeregten Zustand"; die eingegebene Information wirkt latent in allen Geschöpfen. Wird die Information eingegeben durch real existierende Heilungsbiotope, so entsteht ein globales Wahrscheinlichkeitsfeld für die Entstehung ähnlicher Lebensformen an vielen Orten der Erde. Entscheidend für den Erfolg solcher Friedensprojekte ist nicht, wie groß und stark sie sind (im Vergleich zu den bestehenden Gewaltapparaten), sondern wie umfassend und komplex sie sind, wie viele Elemente des Lebens sie auf gute Weise in sich zusammenfügen und vereinigen. In den Feldbildungen der Evolution gilt nicht das „Recht des Stärkeren", sondern der „Erfolg des Umfassenderen".

Aus: Projekterklärung 1 – von **Dieter Duhm,** 2004

Die Fragestellungen für das Experiment, die im Großen wie im Kleinen gelöst werden wollen, entstehen im täglichen Zusammenleben:

Was sind ökologisch und sozial nachhaltige Gemeinwesen?

Können Menschen so zusammenleben, dass keine Konkurrenz und Aggression entstehen, sondern Freude aneinander und die Fähigkeit, Konflikte ohne Gewalt zu lösen?

Wie nutzt man die vorhandene Energiefülle der Sonne, und zwar nachhaltig, ohne Naturzerstörung oder Umweltverschmutzung?

Wie geht man mit Wasser so um, dass jedes Wesen ausreichendes und sauberes Trinkwasser hat und die Fruchtbarkeit des Landes wieder hergestellt wird?

Wie erzeugt man auch auf kleinen oder kargen Grundstücken ausreichend gesunde Lebensmittel, deren Herstellung weder Natur noch Tiere oder andere Menschen ausbeutet?

Wie sieht eine solare und gemeinschaftsfördernde Architektur für Siedlungen aus, die auch in den Armutsgebieten der Welt leicht zu bauen ist?

Wie regelt man die Ökonomie einer Gesellschaft, damit sie keine schmerzhaften Gegensätze zwischen Arm und Reich erzeugt, sondern Gleichgewicht und lebendigen Austausch?

Wie sieht ein Kinderaufwachsen in Freiheit und Geborgenheit aus?

Wo können Jugendliche ihre enorme Kraft und Intelligenz sinnvoll einsetzen?

Wie können die Schwierigkeiten im Verhältnis der Geschlechter aufgelöst werden und wie entstehen dauerhaft erfüllende Liebesbeziehungen?

Wie beenden wir den Schmerz und die Ausbeutung der Tiere?

Was ist eine undogmatische Religiosität und welche Art von Ritual oder Gebet passt zu einer modernen und interkulturellen Gesellschaft?

Wie kommuniziert eine Gemeinschaft wirksam, wie entsteht Vertrauen und wie eine echte Basisdemokratie?

Und vieles mehr.

In einem ganzheitlichen Modell sind alle Fragestellungen miteinander verbunden und werden in der Gesamtschau gelöst. Denn es war ja gerade die Fragmentierung des Lebens, die Trennung der verschiedenen Lebensbereiche, die das Gesamtsystem so aus der Bahn geworfen hat.

Sabine Lichtenfels und Dr. Dieter Duhm

Dieter Duhm, Mitgründer von Tamera: „Inweltkrise und Umweltkrise sind zwei Teile desselben Ganzen und können nur in dieser Zusammenschau gelöst werden."

Seit der Industrialisierung wurden durch Zentralisierung und Spezialisierung wesentliche Bereiche voneinander getrennt: Produktion von Verbrauch, Theorie von Praxis, Mensch von Natur und vor allem Menschen voneinander. Was sich in einem organischen Gemeinwesen noch von selbst regelte, durch Selbstorganisation, gegenseitige Hilfe und gesunden Menschenverstand, erforderte jetzt den Eingriff von Spezialisten. Immer neue Maßnahmen der Symptombehandlung zogen immer neue Probleme nach sich. So kam es zu einer Kette von Reparaturmaßnahmen, die die Probleme auf Dauer jedoch nicht lösen konnten.

Ein ganzheitliches Modell, das die Teilbereiche wieder miteinander verbindet, aktiviert die noch kaum erforschten Kräfte wie Selbstorganisation, Biotopkraft, Synergie. Diese Kräfte werden gebraucht, um das Gesamtsystem auf eine höhere Ordnungsebene zu heben.

Ein Lebensmodell, dem es gelingt, das Zusammenleben aller Wesen heilend zu gestalten, wird mit Hilfe der Feldkräfte diese Information des Gelingens dem Gesamtorganismus hinzufügen und hat die potentielle Kraft, das Ganze heilend zu beeinflussen. Diese Zusammenhänge sind in der „Politischen Theorie" für globale Heilung von Dieter Duhm erklärt. (Siehe S. 17)

Tamera heute

Wenn man heute durch Tamera geht, wandert man durch eine Kaskade von Seen und Teichen, an deren Ufern die Permakultur-, Lehr- und Versorgungsgärten gedeihen. In den nächsten Jahren soll die Wasserlandschaft erweitert und vervollständigt werden, so dass auch auf den Hügeln wieder Wald wächst und die Bäume gesund werden.

Die Sommerküche des Testfeldes für ein SolarVillage demonstriert technische Möglichkeiten, mit Sonnenenergie und Biogas zu kochen, Strom zu erzeugen, Lebensmittel haltbar zu machen und Wasser zu pumpen. Fast alle Anlagen wurden in eigenen Werkstätten gefertigt. Im Forschungsgewächshaus werden neue Technologien erprobt, die den Siedlungen der Zukunft die völlige Unabhängigkeit von zentralen Energieversorgungssystemen bieten sollen.

An Baustellen werden einfache, traditionelle Bautechniken mit modernen Architekturkonzepten verknüpft.

In Seminarräumen und der Aula studieren die Teilnehmer der Friedensausbildung. Musik- und Theatergruppen proben ihre Auftritte auf den Bühnen der Aonda oder der Aula.

Die Teilnehmer der „Jugendschule für Globales Lernen“ werden von jungen Erwachsenen unterrichtet, die vor wenigen Jahren noch selbst hier Schüler waren.

Frauen und Männer aus verschiedenen Ländern und Kulturen arbeiten zusammen und helfen bei der Errichtung der Anlagen. Sie bringen ihr Wissen und ihre Erfahrung ein und sammeln Erkenntnisse für den Aufbau autarker Siedlungen in ihrer Heimat. Sie profitieren von internationalen Spezialisten in den verschiedenen Forschungsbereichen. Nicht unbedingt fertige Lösungen sind gefragt sondern Experimentierfreude.

Das Wichtigste bei alldem ist das Zusammenkommen. So arbeiten Menschen Hand in Hand, die in anderer Umgebung gelernt haben, sich als Feinde wahrzunehmen, zum Beispiel aus Palästina und Israel. Durch die gemeinsame Arbeit für ein Ziel, das beiden Seiten wichtiger ist als der Konflikt, hat Feindschaft keinen Platz mehr. Anteilnahme, Verantwortung für das Ganze, gegenseitige Unterstützung sind die ethischen Grundregeln für das Zusammenleben in Tamera.

Tamera Website
‣ www.tamera.org

Neben dem Fachwissen sind es die Freude am Experiment, das entstehende Selbstbewusstsein und das Erleben von Gemeinschaft, die die Teilnehmer später als Erfahrungsschatz mit nach Hause nehmen. Forschung, Ausbildung und Teilnahme bilden eine Einheit, und zwar in allen Bereichen – Ökologie, Technologie, soziale Kompetenz, politische Netzwerkarbeit.

Durch diese Kombination entsteht ein weltweites Netzwerk von Gruppen und Initiativen, die mit Tamera verbunden sind, das Wissen in ihre Projekte einbringen oder ähnliche Projekte aufbauen wollen. In eine solche planetarische Perspektive investieren junge Menschen ihre ganze Kraft und Freude gern.

Schauen wir nun auf den Globus. Richten wir den Blick nicht auf die jetzigen Ballungszentren, sondern dorthin, wo die neuen Friedenszentren entstehen. Wenn wir fein hinschauen, entdecken wir die Zeichen eines globalen Aufbruchs. Noch auf leisen Sohlen, behutsam, aber doch unaufhaltsam bildet sich eine mächtige Bewegung – eine Bewegung der Verbundenheit mit der Natur, der Versöhnung untereinander und der Gewissheit einer anderen Zukunft. Eine Bewegung für eine freie Erde.

Auf das Wissen und die Erfahrung dieser Zentren werden die Kinder der Zukunft bauen können. Wenn eines Tages das Überleben davon abhängt, andere Wege einschlagen zu müssen, wenn der Zusammenbruch der großen Wirtschafts- und Versorgungssysteme unmittelbar bevorsteht, wenn ganze Landschaften nach herkömmlichen Maßstäben unbewohnbar werden oder soziale Unruhen das Zusammenleben bedrohen, dann werden diese Orte Kristallisationskerne des Neubeginns sein.

Tamera will sich in diesen Dienst für die Welt stellen.

Mara Vollmer und Juliane Eckmann

Kapitel II

Wasser
ist Leben

So könnte die Wüstenbildung gestoppt werden

Ohne Wasser gibt es kein Leben. Der Grundwasservorrat geht weltweit zurück. Um uns mit dieser Weltkrise des Wassers auseinanderzusetzen, müssen wir damit anfangen, den Zugang zu Wasser als Menschenrecht zu erklären und folglich als eine öffentliche Dienstleistung, die nicht privatisiert werden kann. Wenn das Wasser privatisiert und vermarktet wird, können wir kein Wasser für alle garantieren.

Die Entwicklung sauberer und umweltfreundlicher Energien ist eine weitere grundlegende Aufgabe zur Rettung des Planeten, der Menschheit und des Lebens.

Der Schändung unserer Mutter Erde und aller ihrer Lebewesen werden wir mit der Kraft der Erkenntnis und der Liebe zur Schöpfung entgegenwirken. Die Erde kann nicht nur als eine Ressource angesehen werden. Wir respektieren die Natur, ehren unsere Mutter Erde und erkennen die Naturgesetze als höchstes Gesetz an.

Evo Morales Ayma,
Präsident von Bolivien.
Aus: „10 Gebote, um den Planeten, die Menschheit und das Leben zu retten"
Rede vor dem UN-Forum für indianische Angelegenheiten, 2008

Land ohne Wasser? Sommertrockenheit im Alentejo

„Wasser ist keine chemische Formel, sondern ein Zentralorgan der Biosphäre, in dem so ziemlich alle Geheimnisse des Universums enthalten sind. Aus den Bewegungsformen des Wassers sind die Formen aller lebendigen Strukturen hervorgegangen. Wasser enthält die Muster sämtlicher schon verwirklichter und vielleicht auch sämtlicher noch unverwirklichter Lebensmöglichkeiten. Wasser ist ein spezieller Aggregatzustand des universellen Lebens, in dem sich die Lichtwelt und die materielle Welt berühren und verbinden. Wasser besitzt deshalb Eigenschaften, die alle physikalischen Regeln über den Haufen werfen, besonders dort, wo es Wirbel bildet, wo es in unterirdischen Gängen bergauf fließt oder inmitten von Wasserfällen unbekannte Levitationskräfte hervorruft. Die Rätsel des Wassers sind bis heute nicht gelöst, sie werden gerade erst sichtbar. Wir wissen aber jetzt schon, dass in einer kommenden Weltkultur die ganze Lebensweise des Menschen in neuer Weise mit den Gesetzen des Wassers verbunden sein wird. Die Zusammenarbeit mit der Natur ist in allen Bereichen eine Zusammenarbeit mit dem Wasser.“

Aus: Die heilige Matrix,
von Dieter Duhm

Die entstehende Wasserlandschaft von Tamera im Frühling 2010

Barbara Kovats, *Koordinatorin des Projektes SolarVillage*

Das Gelände von Tamera steht sowohl in seiner Schönheit als auch im Maß seiner ökologischen Zerstörung beispielhaft für Portugal und für ganz Südeuropa. Ein ökologisches Renaturierungsvorhaben auf diesem Platz kann und wird Impulse für die gesamte Region setzen.

Silke Paulick, *Koordinatorin des Ökologie-Teams in Tamera:*

Gehe ich heute durch Tamera, so ist schon der Anfang von dem zu sehen, was wir in unserer Vision pflegen. Eine Landschaft, die erblüht in ihrer Vitalität, ein Reichtum an Vielfalt in der Pflanzen- und Tierwelt, ein gestaltetes Zusammenspiel der Elemente, ein Lebensraum, der Gesundheit ausstrahlt. Ein Land, dessen Fülle seine Bewohner ernähren kann.

Ich sehe die Bewegung vieler Menschen, jetzt aktiv Anteil zu nehmen an der Entwicklung unserer Welt – und auch das ist Teil der Motivation für unsere Arbeit: Einen Platz zu schaffen, an dem sichtbar, spürbar und erlernbar ist, wie ein Leben im Einklang mit der Natur aussehen kann und wie der Eingriff des Menschen Kraft und Gesundheit erzeugen kann.

Der Begriff „Nachhaltigkeit" füllt sich mit der Erfahrung, als Mensch das Leben in all seiner Komplexität unterstützen zu können.

Sepp Holzer, *Agrarexperte:*

Holzer'sche Permakultur bedeutet Landschaftsgestaltung im großen Sinne: Die Fehler der Vergangenheit korrigieren, Symbiosen der Wechselwirkung ermöglichen, die Natur arbeiten lassen, Kreisläufe wiederherstellen.

Seerosenteich in der Wasserlandschaft im Talgarten

Ein Zukunftsmodell will gut in eine gesunde und natürliche Umgebung eingebettet sein, es braucht Austausch und lebendige Kommunikation mit allen Mitlebewesen. Die Ökologie ist das äußere Gehäuse einer menschlichen Siedlung. Sie umfasst den Kontakt von Menschen, Tieren, Pflanzen und Naturelementen. Entscheidend für eine gesunde Ökologie ist das Wasser. In Tamera entsteht ein Modellprojekt für ein natürliches Wassermanagement und eine Renaturierung von geschädigten Landschaften – in Südeuropa und weltweit.

WASSER IST LEBEN

Der Mensch besteht zu 70 % aus Wasser, ebenso wie die Oberfläche des Planeten Erde. Kein Mensch, kein Tier, keine Pflanze kann ohne Wasser leben.

So wie der Menschenkörper von einem Aderwerk durchzogen ist, das jedes Organ und Körperteil versorgt, so ist es auch beim Erdkörper: Feine und feinste Wasseradern versorgen den gesunden Erdkörper bis in die letzte Pore mit Feuchtigkeit. Der Erdkörper ist der größte Wasserspeicher. Eine Landschaft, deren natürlicher Wasserhaushalt gestört ist, leidet. Wenn sie ganz austrocknet, wird sie zur Wüste.

„Wie dumm – also wie naturfern – kann der Mensch noch werden?“, fragt Sepp Holzer, wenn er das Wassermanagement weltweit betrachtet. Regenwasser wird weggeleitet, als sei es Abfall. Groß-Staudämme und Tiefbrunnen saugen das Wasser auf großen Flächen ab, Kanalisierungen und Drainagierungen, Forstschneisen und betonierte Rinnen trocknen das Land aus. Durch Überweidung und Monokulturen verarmt die Flora. Wenn die dezimierte Vegetation den Boden nicht mehr beschatten kann, ist er der Sonne ausgesetzt. Jetzt ist der Boden heißer als das Regenwasser. Wenn es nun regnet, sickert das Wasser nicht ein, sondern perlt ab. Der Erdkörper härtet vollständig aus.

Die Niederschläge des Winters kann er jetzt nicht mehr aufnehmen. Das Wasser rauscht in die begradigten Flussbetten und die Kanalisation. Es wird „zornig“, tritt über die Ufer, führt zu Hochwasser und Wasserschäden.

Sepp Holzer: „Wenn im Winter zu viel und im Sommer zuwenig Wasser da ist, dann hat der Mensch einen Fehler gemacht.“ Die so genannten Naturkatastrophen sind in Wirklichkeit menschliche Unterlassungen. Immer höher werden die Deiche, immer verzweifelter der Versuch, das Wasser unter Kontrolle zu bringen, es einzusperren, abzuleiten und zu kanalisieren. All das sind weitere Symptombehandlungen, die das Problem nur verschieben, nicht lösen.

Wasser wird zur Ware

Wasser ist ein Menschenrecht. Dennoch haben Milliarden von Menschen auf der Erde keinen Zugang zu sauberem Trinkwasser. Dieser Zustand ist unhaltbar. Es müsste ein Politikum ersten Ranges sein, diese Situation zu verändern. Noch geschieht das Gegenteil: Wo etwas knapp wird, sind die nicht fern, die damit ein Geschäft machen. Wasser wird zur Ware. Landbesitzer werden enteignet, ihre Wasserquellen werden verstaatlicht und vermarktet, die Wasserrechte auf multinationale Konzerne übertragen. Wasser wird konserviert, verpackt, chemisch haltbar gemacht und weltweit transportiert.

Dem Wesen des Wassers entspricht dies nicht. Ein Lebewesen kann man nicht „haltbar machen". Sepp Holzer: „Von allen vitalen Eigenschaften, die Wasser so wertvoll machen, bleibt nun nur noch eine übrig: Es ist nass."

Im Mittelalter stand auf Brunnenvergiftung die Todesstrafe. Die heutige Menschheit vergiftet und verseucht das Wasser weltweit. Schon heute werden Kriege um Wasser geführt. Möglicherweise wird sich die Zukunft der Menschheit an der Frage des Wassers entscheiden. Wann werden wir anfangen, mit dem Wesen Wasser zu kooperieren?

Seit 2007 baut Tamera gemeinsam mit dem Österreicher Bergbauern und Permakultur-Spezialisten Sepp Holzer eine Wasserlandschaft auf: ein Modell für die Renaturierung schwer geschädigter Landschaften. Wo vor wenigen Jahren noch eine Staubstraße durch vertrocknete Wiesen führte, liegen heute Seen, Teiche und Wasserrückhaltebecken. Wo das Gartenland damals im Frühjahr zu feucht und im Sommer zu trocken war, wächst jetzt auf Uferterrassen ganzjährig eine Fülle an Obst und Gemüse. Und dies ist erst der Anfang: Die fertige Wasserlandschaft soll am Ende mehr als zehn Retentionsbecken für Regenwasser umfassen. Dann wird sie den Erdkörper so weit durchfeuchten, dass Wälder wieder gedeihen können. Schon jetzt kommen zahlreiche Besucher, um die bestehende Permakultur-Wasserlandschaft kennenzulernen. Wasserbauingenieure, Professoren und Naturschützer aus ganz Portugal und anderen Ländern verfolgen die Entwicklung aufmerksam.

Viele sind sicher: Hier wurde ein Rezept gegen die Wüstenbildung gefunden.

Das allmähliche Drama: Wüstenbildung in Südeuropa

In Südeuropa liegt der Brennpunkt eines globalen Vorgangs. Jedes Jahr wird deutlicher: Die Region droht, zur Wüste zu werden. Wo bleibt der kollektive Aufschrei bei dieser Nachricht? Der Alarmruf: Wacht auf, passt auf, unser Land, unsere Mutter Erde stirbt. Wovon ernähren wir uns in Zukunft? Wo wird unser Wasser herkommen?

Der Alarmruf bleibt aus. Die Veränderungen in Südeuropa geschehen zu allmählich, um viele Menschen aufzuschrecken. Und so nimmt das Drama seinen Lauf: Portugal, Spanien, Italien und Griechenland leiden unter zunehmender Sommerdürre.

Der Winterregen, der nicht einsickern kann, schwemmt fruchtbaren Humus in die Täler, in die Flüsse und ins Meer. Zurück bleiben Sand und Stein. Bäume sterben, Wälder brennen, und immer mehr Bauern geben ihre Höfe auf. In Portugal leben mehr als 80 % der Menschen in Großstädten und an den Küsten; mehr als 80% der Lebensmittel werden importiert. Und das in einem fruchtbaren Land, das von Wärme und Wasser verwöhnt ist.

Wüstenbildung ist ein globales Problem. Lösen müssen wir es dort, wo es auftritt. Wir müssen handeln, bevor es zu spät ist. Der Zeitpunkt ist jetzt. Noch können wir an vielen Orten der Erde eingreifen und sie rückgängig machen. Dazu müssen wir wieder lernen, Wasser als Lebewesen zu behandeln. Tamera will ein Beispiel dafür setzen.

Sepp Holzer: „Wasserretentionsbecken zu bauen, ist die wichtigste Maßnahme für die Heilung von kranken Bäumen, für die Regeneration von gestörten Landschaften, für das Aufhalten der Wüste. Der Erdkörper soll sich mit Wasser vollsaugen können, dann werden die Quellen wieder fließen und die Biotope wieder fruchtbar."

Bau der Wasserlandschaft von Tamera: eine Maßnahme gegen die Wüstenbildung

SO KÖNNTE DIE WÜSTENBILDUNG GESTOPPT WERDEN

Bepflanzung des Talgartenteiches mit Schilf und Seerosen

„Nein, eine Wasserlandschaft ist nicht dasselbe wie ein Stausee. Sie ist genau das Gegenteil. Das Wasser wird nicht aus dem Erdkörper abgezogen und zentral gesammelt, sondern auf den Flächen gehalten, dezentral, damit der Erdkörper sich wieder sättigen kann."

Sepp Holzer hat diese Frage schon sehr oft beantwortet. Der resolute Bergbauer hat sich durch das Beharren auf seinen ungewöhnlichen Methoden den Titel Agrar-Rebell erworben. Der Erfolg gab ihm Recht: Nach dem eigenen Alpenbauernhof renaturierte er große Beispielflächen, u.a. in Schottland, Russland, Spanien, Südamerika und seit einigen Jahren auch in Portugal.

„Die Dürre in diesem Land ist keine Naturkatastrophe," sagt er. „Sie ist die Folge falscher Bewirtschaftung. Falscher Umgang mit Wasser, Abholzung, Überweidung und Monokulturen sorgen für Versteppung und beginnende Wüstenbildung."

Wenn der Österreicher durch den Alentejo fährt, kann er vieles kaum ertragen: „Was ich hier sehe, tut weh. Die Landschaft ist ausgeräumt, der Boden und die Pflanzen sind schutzlos der Sonne und dem Wind ausgesetzt. Da fühlt sich kein Tier wohl, und auch als Bauer würde ich mir total verloren vorkommen. Durch die Überweidung ist der Boden ausgelaugt, es wachsen nur noch minderwertige Gräser. Die Bauern geben auf, die Kinder gehen in die Städte, und die schönsten Höfe verfallen. Das Land fällt an Spekulanten und wird schließlich ganz aufgegeben. Dabei könnte Portugal ein reiches Land sein, wenn die Menschen wieder lernen, im Buch der Natur zu lesen."

Doch Sepp Holzer kennt eine Alternative, er hat sie an vielen Orten geplant und gebaut. Im Kern seiner Arbeit steht dabei immer das Wasser.

Dort wo der Regen nur in einer Jahreszeit fällt, muss der Landbesitzer lernen, das Wasser auf dem Land zu halten. Nicht durch gigantische Staudammprojekte, sondern ganz im Gegenteil: dezentral, durch viele Wasserretentionsbecken, so wie die Natur es einem zeigt.

„Wasser ist Kapital. Wer ein Gelände bearbeitet und den Winterregen ablaufen lässt, handelt wie derjenige, der immer fleißig Geld in einen Sparstrumpf steckt, aber nicht bemerkt, dass dieser unten offen ist."

Dabei würde sich Portugal mit der vielfältigen Formung seiner Landschaft, seinem Wasserreichtum und seiner Wärme hervorragend für eine Bewirtschaftung im Einklang mit der Natur eignen. Wie das aussehen könnte, dafür soll die Wasserlandschaft von Tamera ein Modell werden. Schon heute lässt der Anblick Besucher staunen: Seen und Teiche schmiegen sich in die hügelige Landschaft. Auf den Uferterrassen stehen junge Obstbäume. Gemüse, Salate und Mais wachsen in Mischkultur auf Hügelbeeten, vor der prallen Sonne durch Sonnenblumen geschützt.

Nach seinem ersten Besuch in Tamera im März 2007 entwarf Sepp Holzer einen Plan: ein Modellprojekt für die Renaturierung der Landschaft, für großflächigen Anbau von gesunden Lebensmitteln und für natürliche Wiederaufforstung. Eine „essbare" Landschaft mit Wasserrückhaltebecken, Teichen und Seen sollte entstehen, in der auch Wildtiere wieder Nahrung und Schutz finden.

Drei Jahre später versorgen die Uferterrassen und Hügelbeete die Mitarbeiter und Gäste der Gemeinschaft mit gesunden Lebensmitteln. Tamera-Gärtnerin Silke Klüver: „Wir ernten an den Ufern jetzt mehr Obst und Gemüse als vorher im ganzen Garten." Auf die Vegetationspause im Sommer kann verzichtet werden.

Auf die zahlreichen Besucher wirken die Seen, als seien sie schon immer da gewesen.

„Wenn es natürlich aussieht, ist es richtig gemacht", betont Sepp Holzer. „Eckige oder runde Teiche sind ein Fehler. Wasser ist ein Lebewesen. Es muss sich bewegen können, damit es lebendig und gesund bleibt."

Die Ausformung der Seen, flache, bewachsene Ufer, verschiedene Tiefen und geschwungene Formen unterstützen die Eigenbewegung des Wassers und damit die Selbstreinigungskraft: Staub und Humus werden von Wind und Wellen in die Flachzonen gespült und dort von Wasserpflanzen als natürlicher Dünger absorbiert.

Mit ihrem vielfältigen Kleinklima bietet die Wasserlandschaft einen neuen Lebensraum für wilde Tiere und Pflanzen; die ursprüngliche Flora und Fauna kehrt zurück: Fischotter wurden gesehen, Wasservögel nutzen den neuen Lebensraum, Schildkröten und andere Amphibien finden eine Heimat.

Baggerarbeiten beim Aufbau des Lehmkerns für den Damm

Die Permakulturlehrerin und Friedensaktivistin Starhawk aus den USA war bei ihrem Besuch beeindruckt: „Nur wer wie ich in einem sommertrockenen Land lebt, kann meine Mischung aus Staunen und schierem Neid verstehen, als ich mitten im Sommer durch dieses schöne Gelände aus mäandrierenden Teichen und blühenden Beeten ging."

Immer wieder wollen Besucher wissen, wie die Becken denn abgedichtet wurden.

„Beton oder Folien sind völlig überflüssig", antwortet Sepp Holzer. Nur der Damm muss dicht sein, dazu erhielt er einen dichten Lehmkern.

Bernd Müller, leitender Mitarbeiter des Permakultur-Projektes: „Der See soll gar nicht hundertprozentig dicht sein. Das Wasser soll ja langsam den Boden durchdringen." Der Erdkörper ist nun so weit mit Feuchtigkeit gesättigt, dass sein Team mit dem Waldaufbau beginnen kann – natürlich in Mischkultur.

Bernd Müller: „Man stelle sich vor, im Alentejo beschließen 1000 Landbesitzer, solche Wasserlandschaften zu bauen. Nicht nur die Natur würde sich erholen, sondern auch viele Menschen könnten dadurch eine neue ökonomische Lebensgrundlage finden. Der Alentejo könnte aufleben."

WER IST SEPP HOLZER?

Sepp Holzer wurde 1942 in Österreich in eine Bergbauernfamilie hinein geboren. Von klein auf erlebte er die Abläufe der Natur mit der wachen Neugier, zu der ein Kind fähig ist. Bei Tieren und Pflanzen sowie am Wasser und in den von ihm selbst angelegten Biotopen fand er stimmigere Antworten auf seine Fragen als in der Schule. Dieses Paradies, das er dort im Kleinen entdeckte, das Zusammenspiel der Lebewesen, die Fülle, die Vielfalt der Symbiosen, blieb Maßstab für seine Kooperation mit der Natur bis heute.

Sepp Holzer wurde zum Wissenschaftler im wahrsten Sinn des Wortes: Er glaubte nicht blind, was man ihm sagte, er forschte so lange, bis er eine Erklärung gefunden hatte, die ihn wirklich befriedigte. Doch das Wissen, das er fand, stand immer wieder im Gegensatz zu dem, was Eltern und Lehrer sagten. Er traf eine radikale Entscheidung und blieb ihr bis heute treu: Er machte sich zum vollen Kooperationspartner der Natur mit der Lebensaufgabe, das ökologische Paradies auf der Erde wieder herzustellen.

Konflikte waren unvermeidlich. In allen Bereichen – Politik, Landwirtschaft, soziales Leben, Wissenschaft – haben sich die vom Menschen gemachte Welt und die Natur auseinander entwickelt. Um sich und seinem Wissen treu zu bleiben, wurde er zum „Agrar-Rebell".

Wer Sepp Holzer kennt, erlebt seine authentische Anteilnahme an allem Lebendigen. Soziale Ungerechtigkeit, Tierquälerei und zerstörerische Dummheit im Umgang mit der Natur sind für ihn unerträglich. Er ist ein Mensch, der die weltweite Naturzerstörung, die er in vielen Ländern sieht, den Verlust an Menschlichkeit und das globale Leiden durch Hunger und Armut nicht einfach verdrängen kann. Er scheut niemals davor zurück, Partei für das Leben zu beziehen und Missstände beim Namen zu nennen. Er geht keinem Konflikt aus dem Weg, hält sich aber nicht bei der Anklage auf. Ausgestattet mit enormer Energie, Willenskraft und wacher Intelligenz sucht er immer nach der Alternative, die allen einen Vorteil bringt, Mensch und Natur.

Diese Lösungen kommen ihm oft im Traum – wenn sich der Geist im Schlaf wieder an die ursprüngliche Harmonie angekoppelt hat und von dort ein größeres Wissen abruft als das, was sich der Verstand ausdenken kann. Viele Prinzipien, die er entdeckte, sind so universell, das sie nicht nur für den Anbau von gesunden Lebensmittel geeignet sind, sondern in vielen Lebensbereichen ihre Gültigkeit haben.

Den elterlichen Krameterhof übernahm Sepp Holzer bereits mit 19 Jahren – ein heute 45 Hektar großes Grundstück auf 1100 bis 1500m über dem Meeresspiegel. Hier begann er umzusetzen, was er sich an Wissen über die Natur angeeignet hatte. Konflikte mit Nachbarn, Behörden und Gesetzen ließen nicht auf sich warten. Doch er fand immer den nächsten Schritt, unterstützt durch seine Frau Veronika. Wo andere Bauern Fichtenmonokulturen anlegten, pflanzte er Frucht- und Mischwälder und säte Urgetreide. Wo die Behörden anordneten, Schädlinge zu vergiften, suchte er zu verstehen, was das System wieder in Balance bringt. Wo andere das Wasser möglichst schnell aus dem Gelände abführten, legte er Dutzende von Teichen an, um es zu halten – und das im Steilhang! Als er sein ganzes Grundstück rundum terrassierte, hielten ihn die Nachbarn für verrückt.

Aber Sepp Holzer hatte Erfolg. Seine ungewöhnlichen Methoden sprachen sich herum. Immer mehr Besucher kamen, Universitätsprofessoren, Fachjournalisten, Experten fragten: Wie ist das möglich? Wie kann es sein, dass bis auf die Alm Kirschen, Kartoffeln, sogar Kiwis gedeihen, während ringsum die Bauern aufgeben und die Wälder sterben?

Es folgten Fernsehbeiträge und Bücher. Heute ist der Krameterhof ein Anschauungsbeispiel für die Kooperation von Mensch, Tier, Pflanze, Natur, die jedes Jahr Tausende von Besuchern anzieht.

Mit Sepp Holzers Bekanntheit vergrößerte sich sein Wirkungsradius. Seitdem er den Hof seinem Sohn übergeben hat, berät er weltweit Landbesitzer und Projekte in verschiedenen Klimazonen und bildet jedes Jahr viele Menschen in Holzer´scher Permakultur aus. Seit 2007 begleitet er Tamera beim Aufbau der Wasserlandschaft und gibt jedes Jahr Seminare und Kurse hier. Der gemeinsame Wunsch ist, dass hier ein Institut für Holzer´sche Permakultur entsteht.

Was ist Holzer´sche Permakultur?

Holzers Methoden gleichen denen der Permakultur, die in Australien von den Biologen Bill Mollison und David Holmgren entwickelt wurde. Auf vielfachen Wunsch nannte er seine Methode danach: Holzer´sche Permakultur. Doch wurden auch Unterschiede deutlich, vor allem, da Sepp Holzer auch Lösungen für großflächige Problemstellungen und für Extremsituationen anbietet und dafür Bagger und andere große Geräte einsetzt.

„Wenn man sieht, dass über Generationen im großen Stil Fehler gemacht wurden, Flurbereinigung, Flussbegradigung, Drainagierung mit großen Maschinen, dann dürfen wir nicht glauben, wir könnten das allein mit dem Spaten wieder gut machen. Auf der Welt verhungern jeden Tag viele tausend Menschen. Weltweit ist schon ein Viertel des fruchtbaren Ackerlandes verloren gegangen. Jetzt helfen keine kleinen Schritte mehr, wir müssen große Schritte tun, aber diesmal mit der Natur."

Seminar mit Sepp Holzer in Tamera

Seine Richtlinie gilt für alle Situationen: „Versetze dich in dein Gegenüber, in die Kuh, das Schwein, den Regenwurm oder die Sonnenblume, ja, auch in den Menschen dir gegenüber. Würdest du dich wohl fühlen an ihrer Stelle? Wenn nein, dann finde heraus, was nicht stimmt. Denn dann musst du etwas verändern. Denn wenn alle Lebewesen sich wohl fühlen, dann arbeiten sie für dich und für das Ganze am besten."

Einige Prinzipien der Holzer´schen Permakultur:

Gemeinsam ist besser als einsam: Die Symbiose der Wechselwirkungen

Pflanzen, die in Monokultur angebaut werden, stehen in Konkurrenz um Licht, Wasser und Nährstoffe, das führt zum Dauerstress. Dadurch werden sie anfällig für Krankheiten; Abhängigkeiten von chemischem Dünger oder Schädlingsbekämpfung sind die Folge.

Im Gegensatz dazu sind die Hochproduktionsflächen der Natur Biotope mit möglichst großer Artenvielfalt, wie man sie oft in Randzonen findet, am Waldrand oder am Ufer. Ebenso bei der Mischkultur: Je größer die Vielfalt, desto stabiler das Biotop. Zwischen den unterschiedlichen Pflanzen und Tieren eines Biotops bestehen Symbiosen, die noch kaum wissenschaftlich erforscht wurden. Dazu gehört die wechselseitige Versorgung mit Nährstoffen und der gegenseitige Schutz vor Sonne, Wind oder Fraßfeinden.

Lenken, nicht bekämpfen

Wenn ein Ungleichgewicht auftritt, fragt Sepp Holzer nicht: Wie entferne ich die Schädlinge? Sondern: Wie kommt es zu der Überpopulation? Wo habe ich einen Fehler gemacht? Kann ich die so genannten Schädlinge nutzen? Bekommen alle genug – die Wesen der Natur ebenso wie der Mensch?

Eine Überpopulation ist immer ein Zeichen für einen Fehler im Gesamtsystem. Oft wurde der Lebensraum der Nützlinge zerstört, oder sie wurden durch Pestizide vernichtet. Die Aufgabe des Gärtners ist es dann, den natürlichen Lebensraum wieder herzustellen.

Ökonomie und Ökologie: „Die Natur nutzen, aber nicht ausnutzen."

Sepp Holzer: „Wenn man Land hat, dann soll man es auch ganz nutzen und nicht brach liegen lassen. Es ist unsere Verantwortung, etwas damit zu tun, dafür wurde es uns ja gegeben." Ökonomie und Ökologie, Landwirtschaft und Naturschutz sind für ihn keine Widersprüche. Wer es versteht, von der Fülle der Natur zu leben und von ihr zu ernähren, wird auch die Natur nähren. Er wird die Biotope erhalten, statt sie zu zerstören.

Sepp Holzer
▸ www.krameterhof.at

TAMERA AM SEE

Von Sepp Holzer

Tamera lud mich im März 2007 zu einer Beratung ein. Die Frage war: Kann in einer trockenen Landschaft wie Südportugal auf einer Fläche von 134 ha ein Modell für eine Produktion von gesunden Lebensmitteln für 300 Menschen aufgebaut werden? Um es vorweg zu nehmen, meine Antwort war: Ja, mit Leichtigkeit. Ein solch schönes und fruchtbares Land sollte sogar mehr Lebensmittel produzieren können, als die Bewohner brauchen, so dass sie den Überfluss verkaufen oder den wilden Tieren lassen können.

Ich sah sofort: Die sommerliche Trockenheit, unter der Südportugal leidet, ist kein Naturphänomen, sondern ein Ergebnis falscher Bewirtschaftung, und zwar seit Jahr–zehnten, wenn nicht seit Jahrhunderten. Die jährliche Niederschlagsmenge ist kaum niedriger als die in Deutschland, nur fällt fast der ganze Regen im Winter.

Nutzen, aber nicht ausnutzen

Wenn ich meine Beratungen mache, dann überlege ich immer: Was würde ich tun, wenn ich der Besitzer wäre? Wie würde ich eingreifen, damit ich möglichst rasch gut leben kann und die Ressourcen der Natur, die sich hier anbieten, nutze?

Ich sage ganz bewusst nutzen, nicht ausnutzen oder übernutzen. Man darf nicht gierig sein und die Natur übernutzen. Sondern man soll sie nutzen; und ich versuche, bei all meinen Projekten und Beratungen aufzuzeigen, was möglich ist, damit die Natur für mich oder für die Besitzer arbeiten kann.

In Tamera ging ich mit einer Gruppe von etwa 30 Leuten über die ganze Fläche, alle wichtigen Entscheidungsträger waren dabei. Gleich beim Gehen habe ich meine Beratungsvorschläge geäußert. Das Allerwichtigste ist das Wasser. Tamera war staubtrocken. Das Wasser floss den Bach hinunter, das heißt, wenn überhaupt welches floss, und das geschah nur, wenn es regnete. Ansonsten war der Bach trocken, und rundherum war es braun. Der Wald darum herum war schwer krank.

Aber nicht nur in Tamera, sondern schon auf der Fahrt hatte ich Wald in einem extrem schlechten Zustand gesehen, Korkeichen, Steineichen, Pinien. Aber das erlebe ich ja überall, in den verschiedensten Ländern der Welt, so auch hier.

Ich habe den Zustand des Waldes in Tamera und in der Nachbar–schaft mit einbezogen in die Beratung. Die Agrarsteppen in Portugal, die Monokulturen und auch die Tierhaltung habe ich berücksichtigt. Meine Idee war sofort, dass die Friedensgemeinschaft Tamera ein Beispielprojekt, ein Pilotprojekt errichten sollte. Sie muss der Nachbarschaft und dem ganzen Land ein Beispiel geben und eine Alternative gegenüberstellen. Aber dazu muss sie auch größere Schritte tun.

See 1 nach dem ersten Regen 2007

Beispielprojekt für Südeuropa

Anfangs wurden meine Vorschläge als etwas zu weitgehend aufgefasst. Ich habe aber nicht nachgegeben. Nach den Erfahrungen bei vielen anderen Projekten weltweit, auch in Trockengebieten auf der ganzen Welt, habe ich darauf aufmerksam gemacht: Wenn eine Arbeit Sinn haben soll, sollte sie auch wirklich beispielgebend sein. Das vorgeschlagene Projekt der Wasserlandschaft muss, um zu funktionieren, als Ganzes entsprechend den Höhenlinien des Geländes umgesetzt werden. Alles andere wäre nur eine Tümpelwirtschaft und keine funktionierende, natürliche Gestaltung im Sinne der Landschaftsästhetik. Wasser ist eben ein Lebewesen und muss sich bewegen können, sonst stirbt es, das heißt, es veralgt und fault. Die Mehrheit war schließlich sehr positiv, ja sogar geradezu begeistert von den Vorschlägen, so dass nach dem Hochsommer mit dem Projekt begonnen wurde.

Mein Vorschlag ganz grob: Gleich am Anfang, wo der Eingang des Geländes ist, ging die Straße mitten durch das Dorf. Es ist die tiefste Stelle des Geländes, und die Straße war eine öffentliche Gemeindestraße mit Lehm- und Erdbedeckung. Wenn da ein Auto durchfährt, gibt es fast das ganze Jahr über große Staubwolken. Nur in der Regenzeit nicht, denn dann ist dort so viel Matsch, dass man kaum durchkommt. Diesen Zustand, dass Wege und Straßen immer an der Talsohle geführt werden, habe ich in ganz Europa festgestellt: An der tiefsten Stelle verläuft immer die Straße, und gleich daneben werden die Häuser gebaut. Wenn dann in der kurzen Regenzeit die starken Niederschläge kommen, gibt es Hochwasserschäden an Straßen und Häusern.

Die Natur zeigt uns, wie es geht.

Die Natur selbst zeigt uns aber, wie es besser geht. Die tiefsten Stellen des Geländes gehören dem Wasser. Mein Vorschlag war also, Naturdämme mit einer Sperrschicht zu bauen, beginnend gleich beim Eingang. Dahinter kann sich das Niederschlagswasser stauen. Tamera hat ein großes Wassereinzugsgebiet von mehreren hundert Hektar und 500-600 mm Niederschlag im Jahr.

Ein Mitarbeiter stellt heute Besuchern oft die schöne Rechenaufgabe: Wenn man den jährlichen Regen über dem Gelände von Tamera in Container von einem Kubikmeter füllen würde und die hintereinander stellt, wie weit würde die Kette von Containern reichen? Bis ins Nachbardorf 5 km weiter? Bis in die nächste Kreisstadt Odemira? Oder etwa quer über die ganze Iberische Halbinsel bis nach Barcelona? Das Letztere ist richtig.

Man kann sich vorstellen, was für Wassermengen hier ankommen. Von einem trockenen Land kann gar keine Rede sein. Ich war sicher, dass trotz aller scheinbaren Trockenheit der See hier voll wird. Und nicht nur der erste See, sondern mehrere.

Das war mein Vorschlag von Anfang an: Eine Wasserlandschaft von mindestens 10 Retentionsbecken und Seen. Das Wichtigste ist in diesen Trockengebieten, um sie vor der Verwüstung zu schützen, ausreichend Retentionsräume für die Niederschlagswasser zu schaffen. Beim Bau der Wasserlandschaft ist darauf zu achten, dass an den Engstellen des Geländes die Mäanderdämme errichtet werden. So spart man Baukosten und arbeitet mit der Natur und zwingt ihr nicht an unpassenden Stellen Tümpel auf.

Die natürliche Geländeausformung wird dabei nicht verändert. Die Seen werden nicht extra ausgebaggert (bis auf die Tiefzonen), der Naturboden wird nur überstaut. Durch die Geländeausformung entsprechend den Höhenlinien entstehen natürliche Retentionsbecken (Seen), die das Niederschlagswasser aufnehmen können.

Die dezentral angelegten Wasserretentionsräume heben den Grundwasserspiegel, so dass sich die angrenzenden Grundflächen wieder regenerieren können. In diesem flachen Hügelland besteht auch keine Gefahr von Rutschungen oder Muren, so dass die Regulierung des Wasserhaushalts von unten geschehen kann und nicht von oben durch eine Sprenklerberegnung. Darüber hinaus habe ich darauf aufmerksam gemacht, dass Wasserflächen hoch produktive Wirtschaftsflächen sein können. Wasserflächen können wertvoller sein als Ackergrund. Man kann sie für Fischerei, Wasserpflanzengärtnerei, biologische Geflügelhaltung, Haltung von Wasserbüffeln, aber auch für sanften Tourismus und sportliche Aktivitäten nutzen.

Fußnote der Redaktion: Tamera sucht Vermarktungsmöglichkeiten, die der Heilung der Landschaft und der Biotope dienen, die sich ökonomisch rechnen, aber das Töten von Tieren ausschließen.

MEIN TRAUM: EIN WELTMODELL FÜR EIN ANDERES WASSER-MANAGEMENT

Von Bernd Müller, Verantwortlicher für die Permakultur-Wasserlandschaft in Tamera

Bernd Müller beim Aushub des Lehmkerns

In meinem Studium habe ich gelernt: Wasser ist H_2O. Doch es musste noch mehr sein, ich fühlte ja die Unterschiede: Wasser aus einer Bergquelle ist nicht mehr dasselbe, wenn ich es durch ein Rohrsystem leite oder in eine Grube sperre. So habe ich gemerkt: Wasser ist ein Wesen, das ich erst einmal kennenlernen muss.

Was ist Wasser wirklich? Wie behandle ich es, damit es in seiner vollen Energie, seiner vollen Vitalität bleibt und mich so unterstützen kann, wie es seinem Wesen entspricht?

Auf dieser Forschungsreise lernte ich Sepp Holzer kennen. Er sagte: Wenn Wasser ein lebendiges Wesen ist, dann müssen wir es auch so behandeln. Wir dürfen es nicht mehr in Plastiktanks oder Gruben isolieren, wo es seine Vitalität verliert.

Sepp Holzer hat diesen Ansatz zur Grundlage seiner Arbeit gemacht. Das ist am Beispiel unserer Wasserlandschaft und ihrer Ausformung zu erkennen. Die Idee ist es, dezentrale Systeme zu schaffen, in denen Regenwasser gesammelt und in einem Lebensraum gehalten wird, der seinem Wesen entspricht, der seine Bewegungsformen fördert. Hier bringt es Leben hervor, kann sich weiter vitalisieren und mineralisieren.

Die Ausformung unserer Seen und Teiche ist nicht zufällig. Wir beobachteten das Wasser: Wie möchte es sich bewegen? Welche Uferformen mag es? Welche Temperatur und welche Temperaturunterschiede mag es? Mag es Wellenbildung oder nicht?

Diese ganzen Aspekte flossen in unsere Arbeit ein. Das Wasser in diesem Regenwasserrückhaltebecken aus Naturmaterialien ist im vollen Kontakt mit seiner Mitwelt und der Mutter Erde.

Wie lässt sich die Natur heilen?

Inzwischen lässt sich die Wasserlandschaft aus Tamera nicht mehr wegdenken. Jeder, der jetzt einen Rundgang macht, freut sich über die Fülle der Pflanzen. Wer die Laubengänge schon vor sich sieht, die entstehen werden, wenn die Obstbäume erst einmal groß sind, oder die Seerosenteppiche, die hier einmal wachsen werden, der kennt die Schönheit der Wasserlandschaft.

Und doch geht es nicht um den Bau von ein oder zwei schönen Seen. An den jetzt schon bestehenden Seen haben wir den Umgang mit Wasser gelernt. Jetzt ist die nächste Frage: Wie können wir die Natur heilen?

Portugal und die ganze Iberische Halbinsel sind in einem schnell fortschreitenden Verwüstungsvorgang. Können wir etwas dazu beitragen, dass dies aufhört und das Paradies wieder sichtbar wird? Wir haben die ersten Paradiesesklänge hier in Tamera, aber wenn wir in den Alentejo hineinschauen, reicht das noch nicht.

Wir müssen weiter machen. Nicht durch einen zentralen großen Stausee, sondern durch den Aufbau einer großen Wasserlandschaft zur Regenwasserretention. Die einzelnen Retentionsbecken können etwas größer oder kleiner sein. Wichtig ist, dass sie das Wasser nicht von der Erde isolieren. Wichtig ist, dass sie richtig ausgeformt sind, damit das Wasser sich bewegen kann und lebendig bleibt. Und wichtig ist, dass es viele sind. Denn dann füllt sich der Erdkörper mit Wasser, er sättigt sich mit Feuchtigkeit, und dann ist das Ziel erreicht: Die Natur lebt auf, die Wälder werden wieder wachsen.

Als wir den See 1 bauten, konnte mancher nicht glauben, dass er jemals voll würde. Doch im letzten Winter,

von 2009 auf 2010, hatten wir so viel Regen, dass er diesen See mindestens fünfmal hätte füllen können. Noch ist das Wasser aus dem See hinausgelaufen, in die Bäche und Kanalsysteme, wo es auch dieses Jahr wieder zu Überschwemmungen kam.

Deshalb machen wir weiter. Wir wollen an diesem Modell zeigen, dass man durch den Aufbau von Retentionsräumen eine Landschaft wie den Alentejo heilen, die Wüstenbildung stoppen und ein Paradies der Fülle und Vielfalt wieder erwecken kann.

Wüste oder Regenwald: Ein Modell für viele Klimazonen

Es geht bei diesem Modell nicht nur um Südeuropa. Das Prinzip der dezentralen Wasserlandschaften gilt für viele Klimazonen. In der Wüste gibt es Täler, Schluchten, Wadis, die jahrelang trocken sind. Aber wenn es dann einmal regnet, spült eine Flutwelle den wenigen Humus ab, der sich gebildet hat. Und das Leben ist wieder für viele Jahre verschwunden. Auch hier gibt es falsches Wasser-Management. Auch in der Wüste kann Regenwasser gesammelt werden, so dass es Zeit hat, langsam in den Erdkörper einzudringen und Leben hervorbringt.

Dasselbe gilt im tropischen Regenwald, zum Beispiel in Südamerika. Ich war kürzlich in Kolumbien. Dort wird der Wald gerodet, das Wasser rauscht die Hänge herunter und nimmt dabei Straßen mit. Dann wird es kanalisiert in großen Betonkanälen. So wird das Problem verlagert auf die darunter liegenden Ortschaften. Das Wasser trägt viel Humus bei sich, die Flüsse sind trüb und schmutzig. Wo sie breiter werden, setzt sich der Humus ab, es kommt zu heftigen Überschwemmungen, und in jedem Jahr sterben viele Menschen in den Fluten. Auch hier könnte man durch Wasserrückhaltebecken die Probleme lösen.

Überschwemmungen, Dürren, Schlammlawinen und Schluchten, das Problem besteht weltweit. Aber es gibt eine Lösung dafür. Und dafür bauen wir hier ein Modell auf, damit die Menschen es verstehen und an ihren Orten umsetzen.

Neues Pionierprojekt: Lebendiges Trinkwasser durch eine Ringleitung.

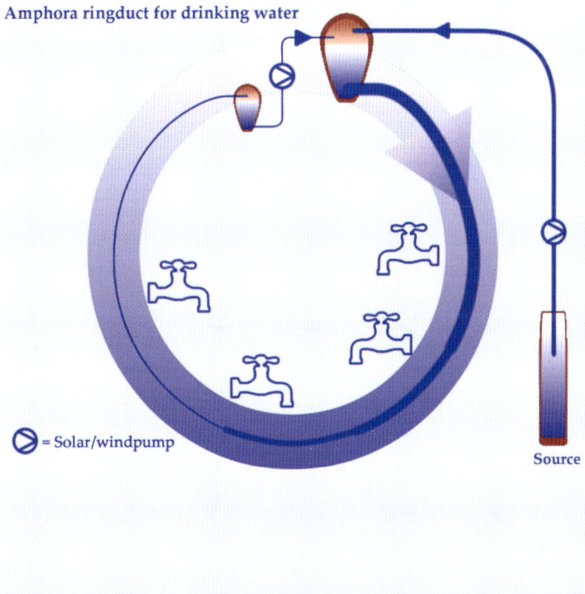

Skizze der geplanten Ringleitung in Tamera

Die Ringleitung von Tamera ist ein Modellprojekt für die Versorgung von Gemeinden mit lebendigem, frischem Trinkwasser. Sepp Holzer erfand das System bei einem Besuch in Tamera, und hier wird es auch als erstes umgesetzt. Die Grundidee ist, dass Wasser, das immer in Bewegung ist, vital und lebendig bleibt.

Nach einer Überprüfung durch Ingenieure und Fachleute wurde das Projekt der Ringleitung begonnen.

In Kürze das Schema:
Von einem hochgelegenen, in die Erde eingelassenen, kalebassenförmigen Behälter aus gebranntem Lehm fließt frisches und hochwertiges Brunnenwasser zu allen Abnehmern: zu Haushalten, Bädern und Küchen und dann zurück zu einem zweiten Behälter, der ein wenig tiefer gelegen ist als der erste. Ob die Abnehmer Wasser entnehmen oder nicht – das Wasser bleibt immer in Bewegung.

Vom zweiten Behälter wird es durch eine kleine Pumpe zurück in den ersten gepumpt; innerhalb der Ringleitung selbst sorgt das Gefälle für den nötigen Wasserdruck, hier muss nicht gepumpt werden. Alle Wasserhähne, die an die Ringleitung angeschlossen sind, werden klares, lebendiges Wasser in Trinkwasserqualität liefern. So einfach dieser Aufbau ist, so bahnbrechend könnte er sein: Ein Modell für die Trinkwasserversorgung von Gemeinden.

ZUM BAU VON WASSERRETENTIONSBECKEN

Aushubarbeiten am Talgarten-Teich

Das Modell für die Renaturierung der Landschaft sieht drei Phasen oder Stufen vor: das Speichern von Regenwasser, den Anbau von Nahrungsmitteln in Form von „Essbaren Landschaften" und den Waldaufbau in Mischkultur.

„Die Täler gehören dem Wasser", sagt Sepp Holzer. Damit widerspricht er manchen staatlichen Aufforstungsprogrammen. Denn da viele Hügelkuppen bereits trocken sind, werden Bäume heute häufig in den Mulden gepflanzt. Doch wenn der Wasserhaushalt nicht in Ordnung gebracht wird, werden nach den Hügeln auch die Täler unfruchtbar. Wenn dort aber Retentionsbecken angelegt werden und den Erdkörper durchfeuchten, wird das Wasser durch den Kapillareffekt aufsteigen und das Umland fruchtbar machen.

Der Bau von See 1 im Herbst 2007

In die Planung einer Wasserlandschaft fließen alle Daten ein: Der jährliche Niederschlag, das Wassereinzugsgebiet, die geologische Schichtung des Bodens, die Höhenlinien, die hauptsächliche Windrichtung, die notwendige Terrassenbreite für die Bearbeitung, die vorgesehenen Wege, Straßen und Infrastrukturen. Das Wichtigste aber ist die natürliche Ausformung der Landschaft. Die Natur zeigt selbst, wo die Wasserretentionsbecken hingehören.

Bevor in Tamera die Bagger kamen, wurde die Tierwelt informiert. Durch Meditation und Ritual wurde den Bewohnern des Landes, die schon länger hier leben, mitgeteilt, was geplant ist, damit sie die Möglichkeit haben, ihren Lebensort zu wechseln. Diese Praxis gehört zur Friedensarbeit mit der Natur.

Die Gemeindestraße, die auf der Talsohle verlief, wurde in den Hang verlegt. Rund um den zukünftigen See wurden Terrassen angelegt. Eine Brücke wurde gebaut, Kabel für Strom, Internet und Telefon in Rohrleitungen verlegt.

Sylvester 2009: Der See ist voll.

In der engsten und tiefsten Stelle eines Tals wurde der Erd-Damm aufgebaut, geschwungen, der Landschaft angepasst. Dazu wurde in einer Tiefe von 5 m ein Graben ausgehoben und eine dichte Lehmschicht eingearbeitet: die Sperrschicht, die absolut dicht sein muss. An den Seiten reicht dieser Kern ebenfalls in die Hänge hinein. Er wurde von beiden Seiten mit Erde angeschüttet, die Hangneigung soll nicht steiler als 1:2 sein. Die Böschung wurde bepflanzt.

Das Material für den Damm wurde aus dem Bereich des zukünftigen Sees entnommen. Durch den Aushub an einer Stelle entsteht im späteren See eine Tiefzone, im

Fall des See 1 ist sie 12,5 m tief. Die hier ausgehobenen Bodenschichten durften nicht vermischt werden. Der Humus wurde später für die Anbauflächen verwendet, die Lehmschicht für den Damm.

Diese Arbeiten sollen jeweils im Herbst abgeschlossen sein. Der Winter- oder Frühjahrsregen staut sich hinter dem Damm auf dem gewachsenen Boden. Zunächst versickert das Wasser im Boden und füllt die unsichtbaren Reservoirs im Erdkörper. Danach bildet sich ein See oder Teich und bedeckt nach und nach die Landschaft. Eine weitere Abdichtung ist nicht nötig.

Ausformung

Wer die Lebendigkeit des Wassers spüren will, setze sich z. B. zu verschiedenen Tageszeiten etwas oberhalb des Sees von Tamera und betrachte die Wasseroberfläche. Fast immer ist sie in Bewegung. Manchmal atmet sie und dampft wie ein Läufer nach dem Marathon; dann wieder geht ein Lufthauch über sie hinweg, und sie kräuselt sich wie ein Schauer auf der Haut. An flachen Uferstellen verursachen Schwärme winziger Fische Kreise und Blasen, und zuweilen streckt eine Schildkröte den Kopf heraus. Wasser ist ein Lebewesen, und am liebsten dehnt und streckt, kräuselt und räkelt es sich in seinem Bett – wenn dieses entsprechend ausgeformt ist.

Ein Lebewesen, das sich nicht bewegen kann, stirbt. Wasser, das sich nicht lebensgerecht bewegen kann, fault und fängt an zu stinken. Doch wenn es sich bewegen kann, bleibt es frisch und klar und reinigt sich immer wieder selbst. Die Ausformung des Sees soll die drei Grundbewegungsformen unterstützen:

Planungsskizze des Talgarten-Teiches

Wellen:

Wellen tragen Sauerstoff in den See ein. Sauerstoff führt zum Selbstreinigungseffekt durch sauerstoffliebende Mikroorganismen. Damit sich Wellen bilden, werden Seen längs zur Windrichtung angelegt. Der Wind spült Schwebteile an das dem Wind abgelegene Ufer. Die hier wachsenden Wasserpflanzen halten sie fest und nehmen sie nach und nach als Nährstoff auf.

Mäanderform:

Um die Eigenbewegung des Wassers zu unterstützen, sollen die Ufer nicht gerade sein wie bei Becken, sondern geschwungen wie Mäander.

Umwälzung:

Die dritte Bewegungsform des Wassers geschieht durch die Umwälzung, die durch Temperaturunterschiede, den so genannten Kühlschrankeffekt ausgelöst wird. Durch die Schaffung von Kleinklimazonen durch steile und flache Ufer, durch Bewachsung oder durch das Einsetzen großer Steine entstehen diese Temperaturunterschiede.

Je mehr unterschiedliche Lebensräume ausgestaltet sind, z. B. durch Ufer-, Flach- und Tiefzonen, desto größer ist die Vielfalt der Fauna und Flora. Je größer die Vielfalt von Fischen, Insekten, Schnecken und Krebsen, desto stabiler ist das ökologische Gleichgewicht im und am Teich, und desto unabhängiger wird das Gesamtsystem z. B. von Dünger oder Futter.

Die Marmor- und Granitfelsen an und in der Wasserlandschaft von Tamera sind nicht nur ein Gestaltungselement, sondern bilden Kleinklimazonen. Sie geben die Tageswärme nachts an die umgebenden Biotope ab, wodurch in ihrer Nähe auch kälteempfindliche Pflanzen gedeihen können.

Im Sommer sinkt der Wasserspiegel der Seen durch Verdunstung zunächst noch kräftig ab. Doch wenn der Wasserspeicher des Erdkörpers erst aufgefüllt ist, wird es von dort wieder nachsickern. Der Erdkörper kann so seine ausgleichende Funktion wieder erfüllen.

Eine Wasserlandschaft mit vielen Rückhaltebecken bildet unter und zwischen sich einen Wasserspeicher in der Erde. Wenn der Erdkörper mit Feuchtigkeit gesättigt ist, fühlt sich alles wohl: Pflanzen, Tiere und der Mensch.

ESSBARE LANDSCHAFTEN

Bau eines Hügelbeetes mit internationalen Seminarteilnehmern

Saatguternte von Sonnenblumen

Der Begriff „Essbare Landschaft“ klingt verführerisch nach Spaziergängen, auf denen man rechts und links von der Fülle an Äpfeln, Aprikosen und Radieschen naschen darf. Das ist jedoch nur ein Teil der Idee. „Essbare Landschaft“ ist eine Biotopgestaltung aus intensiven und extensiveren Mischkulturen aus Bäumen, Gemüse, Obst, Blumen, Heil- und Förderpflanzen. Einige Elemente von essbaren Landschaften:

Hügelbeete: Ein Hügelbeet ist ein steil aufgeschüttetes Hochbeet ohne Einfassung und gehört zur Basisausstattung der Holzer´schen Permakultur; es ist ein Grundelement für den Anbau aller Gemüsearten unter fast allen Klimabedingungen. Es hat mehrere Vorteile: Die zu bebauende Oberfläche wird fast verdoppelt. Es bilden sich verschiedene Kleinklimata, in denen sich unterschiedliche Pflanzen wohl fühlen. Die Verrottung des Biomasse-Kerns gibt fortlaufend Wärme, Nährstoffe, Feuchtigkeit ab. Vor allem im Winter und im Frühjahr, wo andere Flächen noch zu nass zum Bearbeiten oder zu kalt sind, können auf Hügelbeeten schon volle Ernten eingebracht werden.

Terrassen und Bewässerung: Durch die Nähe zum Wasser ist der Erdkörper der Uferterrassen feuchter, die Bewässerung kann reduziert werden. Wenn Bewässerung benötigt wird, kann dies aus dem nächsthöheren See mit belebten Wasser geschehen.

Stufenweiser Aufbau: Mischkulturen sollen sich gegenseitig ergänzen und schützen. Pflanzen verschiedener Größe – z. B. Radieschen und Salat ganz unten, dann Zucchini, Erbsen, Bohnen und Kohl, darüber Mais und ganz oben Sonnenblumen – bilden eine Pflanzengemeinschaft, die das Nährstoffangebot und das Sonnenlicht optimal ausnutzt. Dazu kommen stets Förderpflanzen wie Leguminosen oder Wurzelgemüse, das den

Medizinalgarten - Auch ein Medizinalgarten in Permakulturanbau gehört zu einem umfassenden Konzept für eine weitgehende medizinische Autonomie für Friedensdörfer.

Boden auflockert. Giftpflanzen wie Fingerhut verbessern die Gesundheit des Bodens.

Obst: Einige tausend Obstbäume und Beerensträucher wurden an den Seeufern von Tamera gepflanzt. Schon heute werden die ersten Ernten von Äpfeln, Mirabellen, Pflaumen und Kirschen eingebracht. Besonders widerstandsfähig sind Bäume, die aus dem Samen gezogen wurden. Da solche Obstbäume fast nicht mehr zu kaufen sind, gehört die Anlage einer entsprechenden Baumschule zu einem umfassenden Permakulturprojekt dazu.

Saatgut selbst erzeugen: Pflanzen in essbaren Landschaften sollen sich immer wieder selbst aussäen. Hybridsaatgut ist dafür nicht geeignet. Das Ökologie-Team hat begonnen, das benötigte Saatgut selbst zu erzeugen. Damit beteiligt es sich an der wichtigen globalen Aufgabe, regionale Sorten zu erhalten. Im Saatgutgarten und in der gesamten Permakultur dürfen die Samen ausgewählter Pflanzen ausreifen und werden dann gesammelt, getrocknet und gelagert.

„Die beste Pflanze vom schlechtesten Boden bringt den besten Samen", ist eine Erfahrung, die Sepp Holzer in vielen Jahren gemacht hat.

Wie die Natur arbeitet, lässt sich gut beobachten, wenn man die Samen von Kohlarten, Tomaten oder Kartoffeln sammelt und wieder aussät: Man findet gelbe Tomaten, violette Kartoffeln, grünen Blumenkohl und viele andere Kapriolen der Natur. Vitales, schmackhaftes Gemüse, das aber nicht den optischen Gewohnheiten entspricht.

Regionale Lebensmittelautonomie als Zukunftschance für die Landwirtschaft

Viele Bauern in Portugal geben auf, ebenso wie in anderen Ländern. Um eine nachhaltige Lösung für die Landwirtschaft zu finden, müssen ganz neue Konzepte entwickelt werden: Ökologische Konzepte für die Heilung der Landschaft und des Wasserhaushaltes und soziale und wirtschaftliche Konzepte, bei denen die Bauern direkt mit den Gemeinden zusammenarbeiten. Für eine gesunde Wirtschaft und eine gesunde Natur sollen mehr Lebensmittel dort erzeugt werden, wo sie gebraucht werden.

Tamera erarbeitet ein Modell für regionale Lebensmittelautonomie: In Kooperation mit Nachbarn, biologischen Bauernhöfen und Kleinproduzenten des Alentejo entsteht ein Versorgungsnetzwerk für regional produzierte Lebensmittel. Die Bauern erzeugen auf Bestellung, so haben sie gesicherte Einkünfte, unabhängig von Marktschwankungen; die Überschüsse werden weiter verkauft. Auf diese Weise können Gemeinden, Dörfer und Gemeinschaften ökonomisch unabhängiger werden.

Mittäterfreiheit

Fast alle Produkte aus dem Supermarkt sind Teil eines Systems, unter dem Menschen oder Tiere leiden. Jede Kühlschrankfüllung macht einen zum Mittäter in diesem System. Auch wenn der Totalausstieg nur schwer möglich ist: Die Tamera-Gemeinschaft bemüht sich, immer mehr auf Mittäterprodukte zu verzichten. Das bedeutet, dass die Lebensmittel möglichst von regionalen Landwirten und aus biologischer Landwirtschaft bezogen werden, aus dem eigenen Garten stammen oder aus ökologischen Fair-Trade-Quellen.

Aus Freundschaft zu den Tieren und als Zeichen für Gewaltfreiheit hat sich die Tamera-Gemeinschaft einer vegetarischen, überwiegend sogar veganen Küche verpflichtet. Das heißt, dass auch auf Käse, Eier, Milch weitgehend verzichtet wird. Die Köche von Tamera haben den Ehrgeiz, so zu kochen, dass es dennoch an nichts fehlt.

Bei Kosmetik und Pflegemitteln wird darauf geachtet, dass sie tierversuchsfrei und umweltschonend sind.

Eine Bewohnerin: „Es geht nicht um Verzicht. Es geht darum, so zu leben, dass man mehr und mehr wissen kann, was man tut, ohne das Herz verschließen zu müssen."

Sepp Holzer: „Nach einigen Wachstumsperioden kristallisiert sich eine Sorte heraus, die auch stabil bleibt: Es ist die Sorte, die für deinen Boden und dein Klima optimal angepasst ist."

Saatgut zu erzeugen, war seit Beginn der Landwirtschaft eine regionale Aufgabe. Jede Landschaft hatte ihren speziellen Roggen, ihre Kartoffeln, ihre besonderen Kräuter. Diese Qualität ging im Zuge der global organisierten Agrarindustrie verloren. Es geht dabei nicht nur um den Verlust von Geschmacksvielfalt und Ursprünglichkeit, sondern um den Verlust an biologischer Vielfalt und an genetischem Material für die Lebensmittelerzeugung der Zukunft.

Eine weltweite Bewegung zur Rettung der Saatgutvielfalt hat begonnen. Jeder kann mithelfen: Friedensdörfer, autarke Siedlungen, Höfe mit biologischer Landwirtschaft, aber auch Kleingärtner.

Aquakulturen sind eine ökologisch notwendige und ökonomisch lohnende Erweiterung des Gartenbaus. Fische, Krebse, Wasser- und Uferpflanzen sind ein wesentlicher Teil des ökologischen Gleichgewichtes. Viele von ihnen bieten interessante und ungewöhnliche Verkaufsmöglichkeiten – wie z. B. Seerosen. Tamera verkauft keine Fische zum Verzehr, aber es könnte sie in Zukunft als Besatz für die hoffentlich entstehenden regionalen Wasserbiotope anbieten. Bei den Fischen liegt die Kunst darin, eine Balance zwischen Friedfischen und Raubfischen herzustellen. Uferpflanzen und verschiedene Tiefen sind ein Kindergarten und Schutzraum für Jungfische.

Die Korkeichenkulturen im Alentejo sind vom massiven Baumsterben bedroht.

WALDAUFBAU IN MISCHKULTUR

Jede Landschaft braucht eine sich selbst erhaltende Vegetationsdecke. Stirbt der Wald, tritt eine Kettenreaktion an ökologischen Schäden in Kraft: Der Regen bleibt aus, der aufgeheizte Boden verändert das Klima, es bilden sich durch Thermik ganz neue Windströmungen, extreme Unwetter und Stürme.

Auch in Portugal wurde der Wald bereits sehr stark dezimiert. Zu den Abholzungen der jüngeren und älteren Geschichte kommt ein immenses Eichen- und Piniensterben. Wiederaufforstungen in Monokultur, zumal mit dem „Wasserräuber" Eukalyptus nützen da wenig. Gesunder Wald ist Mischwald: Mit Eichen, Kastanien, Obstbäumen, Nussbäumen und nur einem kleinen Anteil von Pinien und anderen Nadelbäumen kann ein Mischwald eine Landschaft heilen.

Korkeichensterben: Nicht der Baum hat den Virus, der Mensch hat ihn

Zunächst: Warum sterben die Korkeichen? Ist es wirklich ein Virus? In Spanien und Portugal wird Bauern empfohlen, teilweise gar vorgeschrieben, die Eichen zu impfen, um sie vor den Symptomen zu schützen.

Sepp Holzer: „Wenn ich das sehe, dann denke ich: Nicht der Baum hat einen Virus, sondern der Mensch. Und der Virus heißt Gier. Woran stirbt der Baum wirklich? Als erstes: an den Monokulturen, die den Boden einseitig ausnutzen. An der Überweidung, die den Boden verhärtet. Die Vegetation verarmt. Der Humus wird mit dem Winterregen abgewaschen. Die Wurzeln der Bäume ragen jedes Jahr weiter aus der Erde, der Baum gerät in Panik. Seine Spitzen werden trocken und dürr, das ist sein Hilfeschrei. Ein Baum stirbt von außen nach innen.

Bei zu hastiger und zu weit gehender Korkernte wird das Kambium verletzt, die wasserführende Schicht unter der Rinde. Durch diese Stellen treten Pilze ein. Die Vitalität des Baumes ist durch Stress bereits geschwächt, er kann sich nicht dagegen wehren. Was soll ein Baum denn noch alles aushalten? Weggehen kann er nicht. Als nächstes kommen die Käfer und dann die Ameisen. Dann ist es zu spät. All die großen Bäume der Region sind nicht mehr zu retten. Man kann und soll sie aber jetzt nutzen, um in ihrem Schutz neue Bäume zu pflanzen."

Der Einsatz von Schweinen als Mitarbeiter für den Waldaufbau

In Tamera beginnt die Wasserlandschaft den Erdkörper jetzt so weit zu durchfeuchten, dass das Ökologie-Team mit dem Waldaufbau in Mischkultur beginnen kann, zunächst auf Experimentierflächen. Dafür wurden neue „Mitarbeiter" eingestellt: Schweine. Ihre Aufgabe ist, das zu tun, was sie am liebsten tun: den Waldboden durchwühlen, düngen und öffnen.

„Schweine haben vorne einen eingebauten Pflug und hinten einen Düngerstreuer," sagt Sepp Holzer schmunzelnd. „Wenn ich sie richtig lenke, brauche ich einen steinigen oder schwer zugänglichen Acker nicht mehr mit Maschinen zu pflügen – sondern lasse die Schweine das tun. Sie hinterlassen einen gedüngten Boden in einer groben Struktur, auf dem eine Mischkultur von Obstbäumen oder auch ihr eigenes Futter wunderbar gedeihen kann."

In den geöffneten Boden können nun Samen in großer Vielfalt eingesät werden – Helfer- und Förderpflanzen, Futterpflanzen und schließlich Bäume. Große Flächen könnten kaum anders renaturiert werden als durch den Einsatz von Schweinen. In Tamera wird derzeit eine experimentelle Fläche von einigen Schweinen bearbeitet.

Damit sie gute „Mitarbeiter" werden, werden Schweine nicht im Trog gefüttert. Das Futter – am besten eignen sich Topinambur, Mais, Erbsen, Linsen, Lupinen, die in Fett oder Milchprodukte eingeweicht wurden – wird breit auf die Flächen gestreut, die umgepflügt werden sollen. Brombeeren oder anderes dichtes Gestrüpp sind für die Schweine kein Hindernis. Auf der Suche nach dem verführerisch duftenden Futter pflügen sie jeden Boden bis auf 20-30 cm durch. Für die Aufforstung mischt man die Samen ins Futter, die hier gedeihen sollen: Obstbäume, Laubbäume und Förderpflanzen. Einen Teil der Samen werden die Schweine unterpflügen, einen anderen Teil werden sie fressen. Samen, die durch den Schweinemagen gegangen sind, werden dadurch „stratifiziert": Ihre keimhemmende Schicht wird im Verdauungstrakt aufgelöst. Mit dem Dünger ausgeschieden, werden sie schnell keimen und im besten Substrat anwachsen. Und dort, auf der groben Struktur voller Biomasse, wird der neue Wald Wurzeln schlagen. Jetzt dürfen die Schweine natürlich nicht mehr auf dieses Stück Land.

Sepp Holzer arbeitet seit Jahrzehnten auf diese Weise mit Schweinen. Er hält vor allem ältere und seltene Rassen. Diese sind oft ursprünglicher, vitaler und besser als „Mitarbeiter" geeignet als solche, die auf bestimmte Fleischmengen gezüchtet wurden.

Die Arbeit mit Schweinen ist ebenfalls ein Modellprojekt für Portugal: Es ist eine abgewandelte Form der traditionellen Montado-Wirtschaft, der extensiven Nutzung von Korkeichen und Schweinen. Bauern könnten mit dieser Form von Montado nicht nur den Kork und das Fleisch nutzen, (falls in Zukunft Menschen wirklich noch gerne Fleisch essen, was bezweifelt werden kann) sondern die „Arbeitskraft" der Tiere und damit ihre Fähigkeit, ein Gelände zu renaturieren. So würden sich Landwirtschaft und Naturschutz verbinden.

Wer die Schweine „arbeiten" sieht und ihre Freude daran miterlebt, wird sich davon überzeugen können, dass diese Kooperation zwischen Mensch und Tier auch ein Modell für wirklich naturgemäße Tierhaltung ist.

Das Ökologie-Team

EINLADUNG UND AUFRUF ZUR MITARBEIT

Das Ökologie-Team von Tamera möchte, dass die Arbeit von Sepp Holzer bekannt wird und viele Menschen – Ingenieure, Landwirte, aber auch Laien – lernen und verstehen können, dass das Land zu heilen ist.

Schon seit einigen Jahren gibt es mehrmals im Jahr einen Offenen Tag mit Führungen durch die Wasserlandschaft und der Möglichkeit, Fragen zu stellen. Dieser Tag wird von Interessenten, Fachleuten und Familien aus ganz Portugal genutzt, um Tamera und seine Projekte kennenzulernen. Zur Vertiefung finden Seminare statt sowie eine Ausbildung im Rahmen des „Globalen Campus", mit Sepp Holzer und dem Ökologie-Team von Tamera.

In Tamera soll ein Institut für Holzer´sche Permakultur entstehen. Das große Interesse aus dem Land zeigt uns, wie sehr dies gewünscht ist. Gemeinsam mit engagierten Naturschützern, Spezialisten und Praktikern könnte jetzt ein Kraftschluss geschehen – ein Bündnis für die Renaturierung des Landes. Nur gemeinsam können wir die Wüstenbildung aufhalten und das Land wieder grün machen.

Möge es gelingen!

Silke Paulick
solarvillage@tamera.org

Tamera Website - Ökologie
▸ www.tamera.org

Kapitel III

Das Solar Village

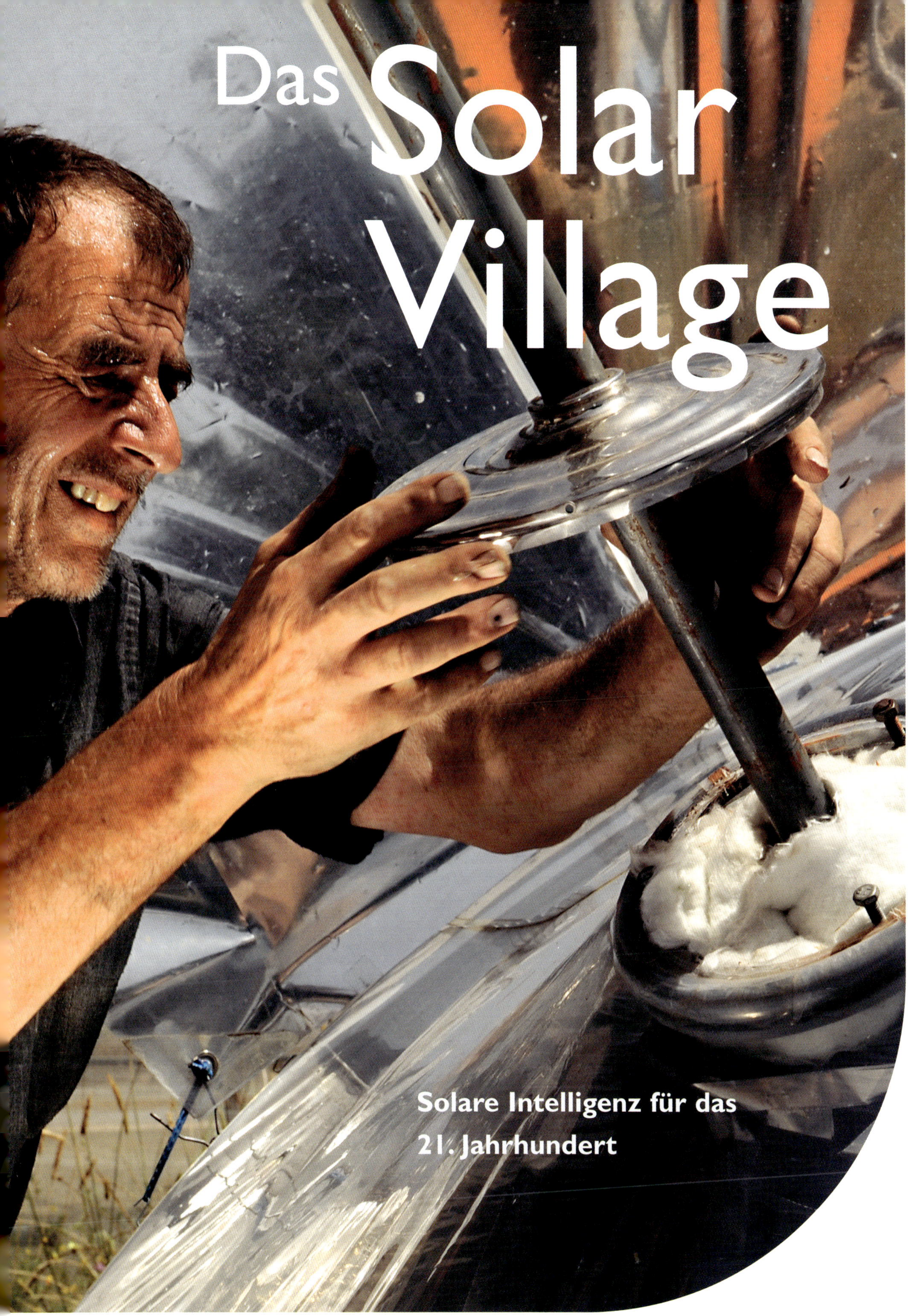

Solare Intelligenz für das 21. Jahrhundert

Jürgen Kleinwächter im Energietreibhaus

VON DER ILLUSION DES MANGELS ZUR REALITÄT DER FÜLLE

Südportugal besitzt die längste Sonnenscheindauer in Europa. Gleichzeitig steht das Land in der Abhängigkeit vom Öl an zweiter Stelle innerhalb der Europäischen Union. So krass dieser Widerspruch ist, er besteht global: Der scheinbare Energiemangel ist das Ergebnis einer machtorientierten Energiewirtschaft, die die Verseuchung der Meere und Kriege ums Öl in Kauf nimmt.

Doch der Mangel ist eine Illusion. Nicht die Energie ist knapp, sondern die Freiheit und die Fantasie der Menschen, die Fülle wahrzunehmen – von Solarenergie bis zu freier Energie. Zukunftsmodelle haben die Aufgabe zu erforschen, wie die alternativen Energiequellen genutzt werden können – dezentral, nachhaltig und in Kooperation mit der Natur. Die heute noch armen Regionen der Erde könnten schon bald die wohlhabenden sein. Ihr Sonnenreichtum bietet große Zukunftsperspektiven. Auch der Alentejo könnte ein Mekka für innovative Solarforschung werden.

Der Übergang in ein solares Zeitalter wird leichter vonstatten gehen, wenn an einigen Orten die entsprechenden Technologien bereits zur Praxisreife entwickelt wurden. Dazu gründete Tamera das Testfeld für ein SolarVillage: Ein Musterdorf für den Test dezentraler Solaranlagen unter den Alltagsbedingungen eines etwa 50-köpfigen Dorfes. Mit den Ergebnissen soll später ein energie- und lebensmittel-autonomes Solardorf aufgebaut werden, als Teil der Forschungs- und Ausbildungsstätte für den Globalen Campus.

Seinen technologischen Kern bilden die Entwicklungen des Erfinders und Physikers Jürgen Kleinwächter.

Paul Gisler, *Leiter der Solarforschung in Tamera:*

„In jedem Moment strahlt die Sonne 15.000 mal so viel Energie auf die Erde, wie die gesamte Menschheit verbraucht. Die Energie der Sonne ist in Fülle vorhanden, wir müssen nur die geeignete Technologie entwickeln, um sie zu nutzen. Mein Traum ist, dass Tamera zu einem Free Lab wird, wo Erfinder einen inspirierten Raum vorfinden, in dem sie voneinander lernen und sich gegenseitig unterstützen, ihre Entwicklungen umsetzen und erproben."

Simon du Vinage, *Mitarbeiter im SolarVillage:*

„Verglichen mit der Vision eines solaren Zeitalters, die ich vor mir sehe und die mich unglaublich inspiriert, sind wir mit unseren Versuchen und Experimenten im Testfeld noch am Anfang. Ungefähr so wie die ersten Flugversuche vor hundert Jahren im Vergleich zum heutigen Flugverkehr. Der Traum vom Fliegen war damals ebenso faszinierend und scheinbar unmöglich wie der heutige Traum von Energie in Fülle. Eine global vernetzte Solarenergieforschung und eine kompetente Ausbildung darin – für den Aufbau von Friedensdörfern auf der ganzen Welt – das fasziniert auch die Jugend."

Bei der Eröffnung des Testfeldes für das SolarVillage im Oktober 2009

***Barbara Kovats**, Koordinatorin SolarVillage:*

„Die Erde braucht neue Siedlungsmodelle, in denen der Kampf der Menschen untereinander, sowie der Kampf zwischen Mensch und Natur wirksam und nachhaltig beendet wird. Ein wesentlicher Beitrag dazu ist die Erforschung dezentraler Energiesysteme durch Solartechnologien, die auch lokal hergestellt werden können. Dezentral meint in diesem Zusammenhang den Aufbau von regionalen und relativ autarken Subsistenzwirtschaften, die untereinander vernetzt sind und somit eine neue Form der „Netzautarkie" realisieren. Der weltweite Austausch unter solchen „Netzautarkien" führt zu einer Globalisierung von friedensschaffenden und humanen Bedingungen."

Charly Rainer Ehrenpreis, Geschäftsführer von Tamera:

„Das Experiment in Tamera findet mit dem Einverständnis der Lokalbehörden statt, die großes Interesse daran bezeugen. Ein Wissensaustausch und eine fachliche Kooperation mit verschiedenen Universitäten und Fachhochschulen Südportugals hat begonnen. Für ihre Studenten der entsprechenden Fachbereiche wird hier ein praktischer Teil der Ausbildung stattfinden.“

Der Dorfplatz des Testfeldes

IM TESTFELD FÜR EIN SOLARVILLAGE

SolarVillage TestField

Das Energietreibhaus des Testfeldes

Ein Foliengewächshaus spiegelt sich in einem klaren Teich. Davor und darin sind Solaranlagen verschiedener Größe und Form aufgebaut und bilden einen inspirierenden Technologiepark. Eine Maschine mit großen Schwungrad pulsiert wie ein überdimensioniertes Herz. In einer offenen Küche bereiten einige Menschen das Mittagessen vor; sie nutzen dazu weder Gas noch Strom.

Was hier im Herzen von Tamera entsteht, ist ein kleines Utopia der dezentralen Solarenergie: Das Testfeld für ein SolarVillage. Es entstand aus dem Wunsch, anhand des täglichen Lebens zu zeigen, dass und wie das Ziel der Energieautonomie von einem Dorf mit 50 Einwohnern umgesetzt werden kann.

Und davon ist man nicht mehr allzuweit entfernt. Das Technologieteam unter der Leitung von Paul Gisler entwickelt die Erfindungen in Kooperation mit Jürgen Kleinwächter weiter und optimiert sie in der direkten Anwendung. Zuweilen geschehen Rückschläge. Aufhalten lassen sie sich dadurch jedoch nicht. Was sie leitet, ist der Gedanke an die Energie, die in Fülle vorhanden ist. Eine geeignete Technologie zu entwickeln, die sie für alle Menschen zugänglich macht, ohne Monopole, ohne Machtkampf: Das ist Friedensarbeit. Mit Jürgen Kleinwächter haben sie einen Visionär für ein solares Zeitalter als Kooperationspartner gefunden.

Im Kern seiner Erfindungen steht ein Apparat, der jetzt in der Sonne steht und glänzt: Ein Niedertemperatur-Stirlingmotor, in diesem Fall der „Sunpulse Water“. Die große, solare Wasserpumpe betreibt zu Demonstrationszwecken den Springbrunnen in der Mitte des Dorfplatzes. Sie könnte eine Alternative für all die Millionen Wasserpumpen werden, die in den heißen Gebieten in der Landwirtschaft und in Dörfern unendlich viel Strom oder Treibstoff verbrauchen. Der Apparat setzt die Temperaturunterschiede aus Sonnenwärme und Schattenkühle in mechanische Energie um, ohne beim Umweg über die Stromerzeugung Verluste zu machen.

Auch die Kochstellen der Sommerküche werden solar betrieben. In diesem Fall mit heißem Öl, das im Energietreibhaus erhitzt und in einem Spezialtank gespeichert wird. Das Öl liefert aber nicht nur Kochwärme Tag und Nacht. Es kann zur Stromerzeugung, zum Antreiben von Sägen oder anderen Geräten durch mechanische Kraft, zum Desinfizieren oder zum Kühlen eingesetzt werden. Es ist schlicht gesagt der Kern eines ganz neuen Energiekonzeptes für ein Dorf.

Der Hauptakteur eines solchen Dorfes ist wiederum ein Niedertemperatur-Stirling, eine Maschine mit großem Schwungrad, der „Sunpulse Hotoil". Er wandelt die Temperaturunterschiede zwischen dem Heißöl und kaltem Wasser in elektrische, mechanische oder thermische Energie um.

„Bisher erzeugt die Anlage 1,5 kW Strom", erläutert Paul Gisler. „Ein Wert, den wir zusammen mit Jürgen Kleinwächter noch deutlich steigern möchten."

David Lehrer, Leiter des Arava-Wüsteninstitutes in Israel, bei einem Besuch: „Dieses Prinzip ist bahnbrechend. Ich wünschte, wir wären selbst auf diese Idee gekommen."

Fachleute sagen, das System sei in zweierlei Hinsicht innovativ: Es bietet Lösungen für das Speicherproblem, und es macht die Solargewinnung unabhängig von Photovoltaik und damit von der Großindustrie.

Die Technologie des Testfeldes wurde komplett in den Werkstätten von Lörrach und Tamera gebaut. Das ist das Besondere der Erfindungen von Jürgen Kleinwächter: Ohne den Einsatz von Photovoltaik können sie regional gebaut und instandgehalten werden. Es ist ein Teil des Traums, den Kleinwächter seit seinen ausgedehnten Afrika-Reisen verfolgt. Er hatte die Not der Menschen, vor allem der Frauen in den Dörfern miterlebt, die täglich viele Stunden unterwegs waren, um das letzte verbliebene Brennholz zu sammeln. Seine Antwort wollte er nicht nur als mitfühlender Mensch geben, sondern auch als Erfinder: Er beschloss, sein technologisches Wissen denen zur Verfügung zu stellen, die es am meisten brauchen. Statt Hightech-Systeme zu entwickeln, die die Menschen abhängig von der Industrie und einer zentralen Versorgung machen, entwarf er ein modulares Solarkraftwerk, das alle Notwendigkeiten eines Dorfes einbezieht und größtenteils vor Ort gebaut werden kann. Seine Solar-Power-Village-Technologie hat das Potential, sowohl die Energieautonomie von Dörfern der Sahelzone und anderer sonnenreicher Gebiete zu sichern, als auch die ländliche Entwicklung in strukturschwachen Regionen Europas zu fördern.

Internationale Gäste beim Vorführen der Solar-Orgel

Nun wollte er eine geeignete Testanordnung für seine Erfindung aufbauen. Es musste in Europa sein, außerhalb einer Krisenregion, so dass man etwaige Fehler korrigieren kann. Welche Dorfgemeinschaft aus Europa aber wäre bereit, auf den gewohnten Komfort zu verzichten und sich auf den Lebensstandard eines afrikanischen Dorfes zu beschränken? Und welche Gruppe hätte genügend Wissen und Stabilität, um nicht bei den ersten Konflikten wieder auseinander zu gehen?

Kleinwächter fand den gesuchten Kooperationspartner in Tamera. Hier werden seine solaren Erfindungen kompetent getestet. Barbara Kovats, die Koordinatorin des SolarVillages: „Durch tägliches Leben mit der Anlage wollen wir das System stetig verbessern und zur Praxisreife führen."

Das Testfeld, das im Oktober 2009 eröffnet wurde, ist schon heute ein Attraktor für weitere Erfinder und Erfindungen. Gedacht ist es als Ort, wo Pioniere der Forschung ungewöhnliche Entwicklungen abseits des Mainstreams unter den fruchtbaren menschlichen Bedingungen von Tamera einbringen und ausprobieren können. Gerade die Verbindung mit den Forschungsbereichen Ökologie und soziale Nachhaltigkeit gewährt ungewöhnliche Möglichkeiten für die Beantwortung wichtiger Fragen.

Jürgen Kleinwächter ist zufrieden mit der Entwicklung der Solarenergie in Tamera. Mit Megaprojekten wie den geplanten gigantischen Sonnenkraftwerken der Sahara will er nicht konkurrieren. „Statt Energiemonopole streben wir regionale Autonomie in der Energie- und Lebensmittelversorgung an. So können Landschaften gepflegt und regionale Arbeitsplätze geschaffen werden: Damit das Leben wieder in die Dörfer zurückkehrt", sagte er den Fernsehteams, die über die Eröffnung des Testfeldes im Oktober 2009 berichteten. Angesichts der jungen Menschen, die aus vielen Ländern kommen und im Testfeld lernen möchten, sagte er: „Unser Traum ist, dass hier die weltweit erste Solar-Universität entsteht. Wir nennen sie vorläufig TTT-Plattform."

Wie selbst „Erdenbürger ohne Erde", also Bewohner von Großstädten oder sogar Slums, sich mit gesunden Lebensmitteln versorgen können, dazu entstanden ringsum kleinere Modelle. Nach einer Präsentation einer Gruppe aus Sao Paulo, wo in den Slums nur Abfälle zum Bauen zur Verfügung stehen, besorgte sich die Ausbildungsgruppe Abfälle aus der Werkstatt und baute daraus einen Gartenturm und ein Hügelbeet. Heute gedeihen hier Tomaten und Wein. Es sind anarchistische Elemente eines „Urban Gardening".

Um den Kreislauf rund zu machen, stehen moderne und (fast) geruchsfreie Komposttoiletten zur Verfügung – eigentlich ein Muss in einer wasserarmen Region. Ihr Produkt wird als Wurmkompost in der Landschaftsgärtnerei verwendet.

Zum Kochen in den sonnenarmen Winterzeiten wurde die Sommerküche durch eine experimentelle Mini-Biogasanlage ergänzt, die in dieser Weise zum ersten Mal in Europa gebaut wurde. Nach dem Vorbild einfachster Techniken aus Nepal und China werden hier Küchenabfälle und menschliche Fäkalien in Energie zum Kochen verwandelt.

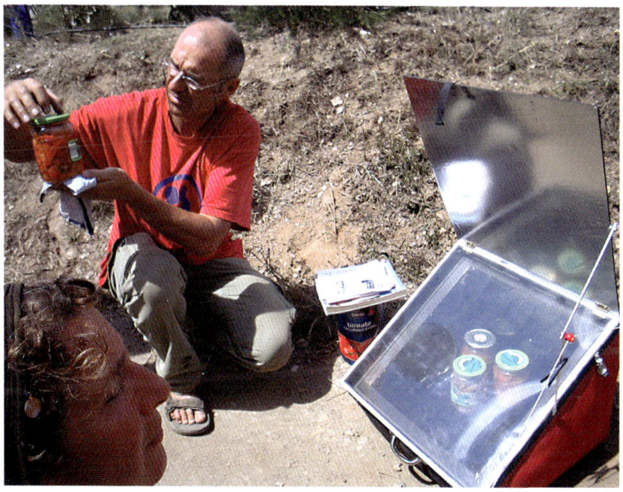

Andere solare Anagen im Low-Tech-Prinzip ergänzen die Kleinwächter-Entwicklungen: Für das Kochen mit direkter Sonneneinstrahlung stehen zwei Scheffler-Spiegel, SK 14-Anlagen (SK 14: Solarkocher mit einem Durchmesser von 14 dm) und mehrere Kochkisten zur Verfügung. Ein Solartrockner dient als einfache Anlage zum Trocknen von Früchten und Gemüse. (Bilder im Uhrzeigersinn)

ENERGIEAUTONOMIE STATT GRENZSICHERUNG

von Jürgen Kleinwächter, Physiker, Erfinder

Der Sunpulse Water ist eine Alternative zu elektrisch betriebenen Wasserpumpen in ländlichen Gebieten.

Wer Hermann Scheers (deutscher Bundestagsabgeordneter und Gründer von „Eurosolar") Buch „Energieautonomie" gelesen hat, weiß, dass dies der wichtigste Oberbegriff im gerade beginnenden Solarzeitalter ist. Regional genutzte Energien aus nachhaltigen Ressourcen ermöglichen gerade in den ärmsten, sonnenreichen Regionen der Erde den Aufbau autarker, untereinander vernetzter Strukturen bis hinunter zur Dorfebene. In diesen Strukturen entstehen lokale, stabile Arbeitsplätze bei gleichzeitiger Deckung der Lebensmittel- und Energiebedürfnisse der Bewohner.

Betrachtet man unter dem Aspekt dieser realen Möglichkeit die wachsenden Migrationsströme armer, Arbeit suchender Menschen des Südens in die reichen Länder des Nordens und sieht die inhumanen, unproduktiven und geldverschlingenden Abwehrmaßnahmen an den Grenzen, so stellt sich die Frage, ob man diese Geldmittel nicht sinnvoller in Maßnahmen zum Aufbau der erwähnten Strukturen im Süden stecken sollte.

Wir haben in jahrzehntelanger Entwicklungs- und Forschungsarbeit die verschiedensten solaren Systeme und Komponenten entwickelt, die wir nun in ein integrales, multifunktionales Gesamtsystem – das „Solar Power Village" – eingebunden haben. Dieses System vereinigt in einer Symbiose Pflanzenwachstum und solare Energiegewinnung und ist grundsätzlich so konzipiert, dass es fast vollständig in den Anwenderländern hergestellt werden kann. Damit das positive Schubpotential dieser und anderer Entwicklungen im Rahmen der sich anbahnenden Evolution hin zu den ausgeglichenen Energie- und Stoffkreisläufen der Solargesellschaft voll zum Tragen kommen kann, ist die soziale und kulturelle Integration der Nutzer und Bewohner von mindestens ebenso großer Bedeutung wie die Technik. Hier ist ein modernes „Zurück zur Natur" im Entstehen, welches nicht mehr den weltfremden Beigeschmack des Rousseau'schen Traumes beinhaltet, da es auf der heute real umsetzbaren, sanften technologischen Nutzung der Sonnenkraft basiert.

Warum in Tamera?

In Tamera, einem kleinen Ort im Alentejo des südlichen Portugals, ist in den letzten Jahren das Modell eines globalen Friedensdorfes entstanden, das ideale Voraussetzungen zum Aufbau eines „Solar Power Village" bietet. Einerseits haben die etwa 200 Bewohner um die Gründer Dieter Duhm, Sabine Lichtenfels und Rainer Ehrenpreis eine menschliche Gemeinschaft aufgebaut. Als Keimzelle eines friedlichen, kreativen und ökologischen Netzwerkes entstand hier eine starke, integrative Kraft zum Aufbau heute dringender denn je benötigter, internationaler, von der Basis ausgehender Friedenssiedlungen. Andererseits kann das „Modell Tamera" erst dann voll zur Wirkung kommen, wenn die Energie- und Lebensmittelversorgung autark erfolgen kann.

Unter den Bewohnern gibt es Ingenieure, Architekten, Biologen, Ärzte, Lehmbauspezialisten, Permakulturspezialisten und ausgezeichnete Handwerker. In der Jugendschule „Globales Lernen" von Tamera sind begeisterungsfähige, engagierte und talentierte Jugendliche. Die jährlich stattfindende Sommeruniversität, die von internationalen Gruppen, insbesondere aus den Krisengebieten der Welt besucht wird, zeigt die große Resonanz und den konkreten Bedarf nach „Solar Power Villages".

Die Technologien wurden in den letzten Jahren von Tamera aus auch in verschiedenen Universitäten und Institutionen Portugals vorgestellt, wo sie großes Interesse hervorriefen.

Das Energietreibhaus „Energy Greenhouse" – hat zum heutigen Stand der Technik das Potential, auf wenigen hundert Quadratmetern die Grundnahrungsmittel für einen Menschen bei vegetarischer Ernährung herzustellen. (Vergleichswert bei normalem Anbau: 1.800 qm) Bei weiterer Optimierung, die im Wesentlichen auf ein bionisches System hinausläuft, wird die Pflanze selber den physikalischen Systemen (Optiken, Filter, Befeuchter usw.) permanent die Steuersignale zusenden, die dazu führen, dass die „Bioparameter" zum Pflanzenwachstum (Licht, Temperatur, Feuchte, CO_2-Gehalt der Luft usw.) jeweils im Optimum liegen. So wird es möglich, dass der Flächenbedarf zur Ernährung eines Menschen noch mehr gesenkt werden könnte – ein wesentliches Ziel zur Ernährung einer exponentiell ansteigenden Weltbevölkerung.

Die von mir entwickelten Energietreibhäuser haben eine Minimalgröße von 150 qm Grundfläche und stellen unter den solaren Bedingungen von Südspanien und Südportugal ca. 50 kWh/Tag elektrische Energie plus ca. 24 kWh/Tag an Kochenergie (220 °C) plus ca. 110 kWh/Tag an Niedertemperaturenergie (50 °C), z. B. für Heizzwecke oder zur Herstellung von Warmwasser, zur Verfügung. Die volle Entwicklung dieses Potentials im Testfeld von Tamera – in internationaler Kooperation – unter gleichzeitiger Schaffung eines immer tragfähigeren Netzwerkes für ein friedliches Solarzeitalter ist unser gemeinsames Ziel und steht stellvertretend für die politische Zukunftskraft der Energieautonomie im Sinn von Hermann Scheer.

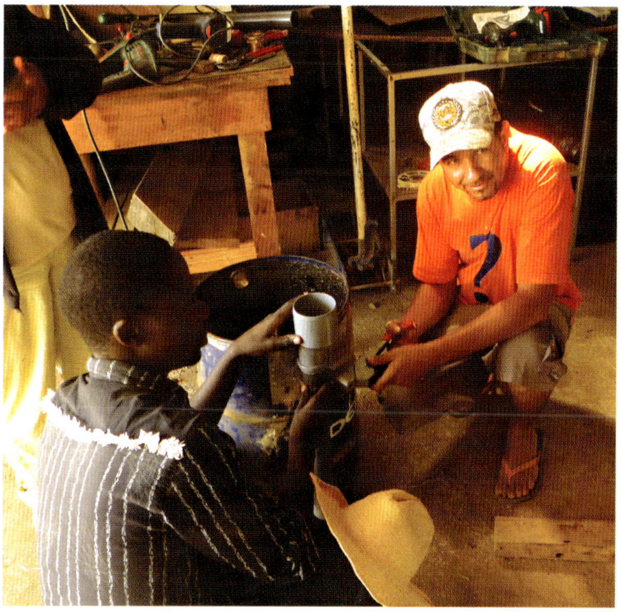

Arbeits- und Lebenssituationen im Testfeld

Der Heißölspeicher des Testfeldes

Die Fresnellinse fokussiert durch ihre spezielle Formung das Licht in einer Brennlinie.

Das Energietreibhaus wird mit einer spezialbeschichteten Folie abgedeckt.

Eine der Kochstellen der Sommerküche im Testfeld wird durch heißes Öl betrieben.

DIE ENERGIE-MODULE DES SOLARPOWERVILLAGE

Das Vorhaben, ein solares Kraftwerk zu entwickeln, entstand aus dem Wunsch, hochtechnologisches Wissen den ärmsten Menschen zur Verfügung zu stellen. Wie war es dazu gekommen?

1971 gründeten Vater Hans und Sohn Jürgen Kleinwächter das private Solarinstitut KLERA (Kleinwächters Entwicklung und Forschung, Raumfahrt und Atomtechnik.) Da die bisherigen Erfindungen Hans Kleinwächters weitgehend in der Kriegs- und Nuklearindustrie verwendet worden waren, beschlossen die beiden, ihre wissenschaftlichen Kenntnisse ab jetzt in den Dienst des Friedens und der solaren Zukunft zu stellen. Sie konzentrierten sich auf Wärmemaschinen, ihre Grundidee war die Entwicklung eines solaren Kraftwerks. Bereits zu Beginn der achtziger Jahre bauten sie auf ihrem Testgelände in Lörrach das Leichtbau-Solarkraftwerk SKK (Solar-Kuppel-Kraftwerk).

Nach seinen schon erwähnten Reisen durch Krisengebiete konzentrierte sich Jürgen Kleinwächter darauf, möglichst einfache Systeme zu erforschen, die auch in afrikanischen Dörfern gebaut und genutzt werden können. Diese Grundidee liegt dem Testfeld für ein Solar-Village zugrunde. Es besteht aus verschiedenen Modulen.

Modul 1: Energietreibhaus und Speichersystem

Unter dem Dach des Energietreibhauses ist ein System aus Fresnel-Linsen angebracht. Diese fokussieren das Sonnenlicht nicht auf einen Brennpunkt, sondern auf eine Brennlinie. In dieser Fokallinie wurde ein Röhrensystem installiert, in dem Pflanzenöl fließt. Dieses erhitzt sich bis auf 220° C. Das heiße Öl wird nun in einem Tank gespeichert. Von hier aus kann es zum Kochen oder zur Stromerzeugung genutzt werden. Als Bestandteil eines geschlossenen Kreislaufes fließt das Öl anschließend abgekühlt wieder in das Energietreibhaus.

Das Energietreibhaus dient außerdem als Gewächshaus zur effizienten und wassersparenden Erzeugung von hochwertigen biologischen Lebensmitteln. Die widerstandsfähige Spezialfolie lässt alle Lichtfrequenzen durch, die das Pflanzenwachstum anregen.

Das Linsensystem vermindert die Hitzebelastung für die Gewächshauskulturen, indem es die stärkste Strahlungsenergie in Wärmeenergie umwandelt, die aus dem Gewächshaus abgeleitet wird. Aufwendungen zur Kühlung entfallen; das verbleibende diffuse Licht ermöglicht ein optimales Pflanzenwachstum.

Im Sinne der Multifunktionalität soll zukünftig auch ein „House-in-house“-Konzept realisiert werden: Dann ist das Gewächshaus die Hülle um ein Innengebäude.

Das erhitzte Öl zirkuliert von den Absorbern zu den Kochstellen oder zur Elektrizität produzierenden Stirling-Maschine. Der Heißölspeicher ermöglicht eine Energienutzung rund um die Uhr und ist so dimensioniert, dass er eine Autarkie von mehreren Tagen sichert.

Modul 2: Kochstellen

Ein Solarkocher soll eine Alternative zu existierenden, traditionellen Systemen sein, die vielleicht nicht ökologisch nachhaltig sind, aber von den Menschen in ihren Dörfern als Kern des sozialen Lebens verstanden werden. Für eine gute Akzeptanz reicht es daher nicht, thermische Energie bei hohem Wirkungsgrad zu erzeugen. Ein Solarkocher muss an die Koch- und Essgewohnheiten des Ziellandes angepasst sein und den kulturellen und sozialen Gegebenheiten in den Zielländern entsprechen. Er muss einfach, ungefährlich und bequem in der Handhabung sein und eine solide und einfache Konstruktion besitzen.

Ein Solarkocher mit Speicher kann diesen Bedürfnisse gerecht werden. Der Solarkocher des SolarPowerVillage erlaubt mehrere Kochstellen, hohe Temperaturen mit gutem Wirkungsgrad und eine längere Autarkie. Seine Kochstelle besteht aus mehreren doppelwandigen Aluminiumtöpfen, durch die das heiße Öl hindurchströmt. Ein manuell betätigter Hahn öffnet bzw. schließt je nach Bedarf den Ölkreislauf und macht die Feinregulierung der Kochwärme möglich. Das Öl soll eine Temperatur von mindestens 150°C haben, damit Frittieren, Braten und Backen möglich werdem.

In der Sommerküche des Testfeldes wird außerdem durch Wärmetausch mit dem heißen Öl Dampf erzeugt. Der Dampf eignet sich hervorragend zum schonenden Zubereiten von Gemüse. Auch die Sterilisierung medizinischer Geräte, das Entsalzen von Wasser und vieles andere mehr werden somit möglich.

Modul 3: Der Stirlingmotor

An zwei Stellen im Testfeld werden Stirlingmotoren eingesetzt: Der Sunpulse Hotoil verwandelt den Temperaturunterschied zwischen dem heißen Öl und kaltem Wasser in Elektrizität, mechanische oder thermische Energie. Und der Sunpulse Water verwandelt den Temperaturunterschied von Sonnenlicht und Schatten in mechanische Energie zum Wasserpumpen.

Was ist ein Stirlingmotor?

Er wurde 1816 von dem schottischen Geistlichen Robert Stirling erfunden, etwa 50 Jahre nach der Dampfmaschine. Nicht zuletzt aus ethischen Gründen suchte Stirling nach einer Alternative zu dieser explosiven Technik, um die Arbeit in den Steinbrüchen und Kohlegruben sicherer zu machen, denn Kesselexplosionen waren zu der Zeit relativ häufig, und oft waren Kinder die Opfer. Die erste von ihm entwickelte Maschine arbeitete als Wasserpumpe zur Entwässerung eines Steinbruchs in Schottland.

Anfang des 20. Jahrhunderts waren weltweit ca. 250.000 Stirlingmotoren im Einsatz, als Tisch-Ventilatoren, Wasserpumpen und Antriebe für Kleingeräte wie z. B. Nähmaschinen. Sie versorgten Privathaushalte und kleine Handwerksbetriebe mit mechanischer Energie. Doch als sich Otto-, Diesel- und Elektromotoren immer weiter ausbreiteten, wurden die Stirlingmotoren fast vollständig vom Markt verdrängt. Seit Mitte der 70er-Jahre gewinnt der Stirlingmotor wieder an Bedeutung im Zusammenhang mit Blockheizkraftwerken (BHKW) und Kraft-Wärme-Kopplung.

Stirlingmotoren wandeln Temperaturunterschiede in mechanische Energie um. Ihr Wirkprinzip ist die Volumenveränderung von erwärmter bzw. gekühlter Luft. Ein geschlossener Zylinder, gefüllt mit einem Arbeitsgas, wird permanent auf der heißen Seite erhitzt und permanent auf der kalten Seite gekühlt. Das Gas wird also periodisch erhitzt und abgekühlt in einem thermodynamischen reversiblen Wechselspiel. Damit werden im geschlossenen Zylinder Druckschwankungen erzeugt, die den Arbeitskolben bewegen.

Jürgen Kleinwächter konzentrierte sich immer mehr auf die Entwicklung von Niedrig- (um 100°C) und Mitteltemperatur- (um 200°C bis 500°C) Stirlingmaschinen. Von ihnen versprach er sich eine einfache, dezentral produzierbare, von Großsystemen unabhängige Technologie. Sie sollte zu ähnlichen Wirkungsgraden führen wie Hochtemperaturstirlingmotoren, aber mit wesentlich einfacheren und entsprechend günstigerem Materialaufwand und dem einfachen Arbeitsgas Luft.

Der Stirling-Prozess

Bei einem idealen Stirlingprozess gibt es vier nacheinander ablaufende Zustandsänsderungen:

1. Takt: (Isotherme) Expansionsphase: Im unteren Teil des Zylinders wird die Luft erhitzt, der dabei entstehende Druck bewegt den Arbeitskolben nach oben.

2. Takt: Der um eine Viertelperiode vorauseilende Verdränger-Kolben bewegt sich nach unten und schiebt dadurch die Luft in den oberen Teil des Zylinders. Hier kühlt sie sich (isochor) ab, womit der Druck sinkt.

3. Takt: (Isotherme) Kompressionsphase: Der Arbeitskolben bewegt sich nach unten und komprimiert dabei die Luft. Die bei der Kompression entstehende Wärme wird sofort an den Kühlmantel abgegeben.

4. Takt: Der Verdränger-Kolben drückt die Luft nun wieder in den unteren Zylinderteil, wo sie sich wieder (isochor) aufheizen kann.

Durch dieses neue Einsatzgebiet erfährt der Stirlingmotor ein interessantes Comeback. Jahrzehntelang wurde er vernachlässigt, während andere Motoren gefördert wurden: Und zwar all diejenigen, die auf Brennstoffe angewiesen sind und deren Funktion deshalb durch Monopole kontrolliert wird. Der Stirlingmotor, der mit Temperaturunterschieden ausschließlich Ressourcen nutzt, die überall vorhanden sind, ist geradezu ein anarchistisches Prinzip. Damit passt er hervorragend in das Konzept der dezentralen Energieautonomie.

Vor allem zwei Modelle wurden in der Folge entworfen und stufenweise optimiert: Der Sunpulse Water und der Sunpulse Hotoil.

Sunpulse Water

Der Sunpulse Water ist eine Wasserpumpe, die ohne Umweg direkt mit der Energie der einfallenden Solarstrahlung auf seine Oberfläche Wasser pumpen kann und damit ideale Voraussetzungen für den dezentralen Einsatz bietet. Das enorme Potential solcher direkt sonnengetriebener, einfacher Wasserpumpen wird besonders deutlich, wenn man die indischen Verhältnisse betrachtet: Hier werden ca. 50% des landesweit erzeugten Stromes für das Wasserpumpen im ländlichen Bereich verbraucht. Dieser muss zudem praktisch kostenlos geliefert werden, da die arme Landbevölkerung keine entsprechende Kaufkraft hat. Sunpulse Water-Maschinen können dezentral unter Arbeitsplatzschaffung auch in Indien hergestellt werden und bieten der Volkswirtschaft somit eine große Chance.

Der Sunpulse Water in Tamera hat derzeit eine (hydraulische) Leistung von 150 Watt.

Sunpulse Hotoil

Der Sunpulse Hotoil arbeitet mit zwei Fluidkreisläufen, einer mit heißem Öl und einer mit kaltem Wasser, und treibt direkte mechanische Quellen wie Kältekompressoren, Kornmühlen, Sägen und andere nützliche mechanische Werkzeuge oder auch einen Generator zur Stromerzeugung an. Das heiße Öl wird durch konzentrierte Solarstrahlung erhitzt und kann direkt als Speichermedium genutzt werden. Damit ist der Sunpulse Hotoil ein Solarkraftwerk, das Energie rund um die Uhr im Bereich von einigen Kilowatt Leistung abgeben kann. Besonders elegant, kostengünstig und mit hohem Wirkungsgrad wird hierbei die sehr wichtige mechanische Energie ohne Umweg über weitere Stromumwandlung (Elektromotor) bereitgestellt. Wird das System noch mit einem Biomassen-Brenner umweltneutral ergänzt, dann kann diese Leistung auch in sonnenarmen Perioden garantiert werden.

In Tamera befindet sich der Sunpulse Hotoil 1500, ein Stirlingmotor, der elektrischen Strom mit einer Leistung von 1,5 Kilowatt erzeugt.

Zur weiteren Steigerung der Leistungsgröße bis in den Bereich von mehreren 10 kW-wird derzeit an einer modifizierten, äußerst kompakten Maschine gearbeitet, der „Y-Maschine".

Der Sunpulse Hotoil setzt die Temperaturunterschiede von heißem Öl und Luft in mechanische und elektrische Energie um.

Der Sunpulse Water ist die am weitesten entwickelte Erfindung Jürgen Kleinwächters.

DER SCHEFFLER-SPIEGEL

Dem Scheffler-Spiegel gilt der erste Handgriff der Köche am Morgen: Sie drehen den großen schimmernden Parabol in Richtung Sonnenaufgang. Anschließend stellen sie den Wassertopf für den Morgenkaffee in den Fokus des Lichtes. Alles Weitere geht von selbst. Die Köche sind zufrieden: „Der Scheffler-Spiegel ist sehr leicht und bequem zu bedienen. Das Essen wird schnell gar, jedenfalls wenn die Sonne direkt scheint."

Der Scheffler-Spiegel wurde in Zusammenarbeit mit dem Schweizer „Entwicklungsdialoger" – wie er sich nennt – Alec Gagneux in Tamera gebaut. „Der Vorteil dieser Technologie ist", erklärt er, „dass sie ohne teure Photovoltaik auskommt und auch von Laien relativ leicht selbst zu bauen und zu reparieren ist. Und was den Scheffler-Spiegel von anderen Solar-Parabolspiegeln unterscheidet, ist die Bequemlichkeit der Benutzung. Man kann im Haus kochen – ein entscheidender Vorteil für warme Länder, wo niemand in der Mittagshitze zum Kochen draußen stehen möchte."

Der Scheffler-Spiegel und seine automatische Nachführung mit der Sonne.

Zur Technik des Scheffler-Spiegels

Ein Scheffler-Spiegel ist ein Sonnenreflektor mit einem Fixfokus. Die ursprüngliche Idee stammt von Jürgen und Hans Kleinwächter, der Erfinder Wolfgang Scheffler hat sie weiterentwickelt für die Bedürfnisse von armen und sonnenreichen Ländern. Die Erfindung wurde nicht patentiert, ihre Baupläne stehen nach dem Prinzip Open Source allen zur Verfügung. Das Sonnenlicht wird auf einen Punkt hin gebündelt, wobei die Nachführung so gestaltet ist, dass der Brennpunkt fix bleibt und nicht wandert. Für diese Nachführung entwarf Wolfgang Scheffler eine intelligente Konstruktion, die an das Prinzip des mechanischen Uhrwerks angelehnt ist. Damit wird der Spiegel automatisch dem Sonnenlauf nachgeführt, mit einer Technik, die aus Fahrradteilen gebaut werden kann.

Durch den Fixfokus kann ohne manuelle Nachjustierung den ganzen Sonnentag über gekocht oder ein solarer Backofen betrieben werden. Dies ist ein Vorteil gegenüber dem Parabolspiegel, wo sich der Brennpunkt über den Tagesverlauf bewegt und nicht an einer Stelle fixiert werden kann.

Durch den Fixfokus des Schefflerspiegels ist z. B. der Bau von Solar-Küchen-Häusern möglich, für die der Spiegel kontinuierlich gebündelte Lichtenergie liefert. Der Abstand zwischen Brennpunkt (z. B. Backofen im Haus) und Reflektormitte (Spiegel vor dem Haus) wird dabei durch die gewählte Ausgangsparabel (Spiegelwölbung) festgelegt.

Wo wird der Scheffler-Spiegel genutzt?

Der Scheffler-Spiegel kommt bereits seit 20 Jahren in vielen südlichen Ländern zum Einsatz. Das Barefoot College in Tilonia/Indien bildet vor allem Dorffrauen darin aus, um den ländlichen Gegenden eine autarke und umweltverträgliche Energiequelle zur Verfügung zu stellen. Statt einer Kochstelle oder eines Backofens kann auch ein Dampferzeuger oder ein Wärmespeicher im Brennpunkt errichtet werden.

Wie effektiv ist diese Technologie?

Die Leistung eines solchen Spiegels bei 10 qm Spiegelfläche beträgt je nach Jahreszeit (hoher bzw. niedriger Sonnenstand) zwischen 2,2 kW im Sommer und 3,3 kW im Winter, bei einer Sonnenstrahlleistung von 700 Watt pro qm. In unseren Breitengraden ist die Leistung, also die Energie pro Zeiteinheit, des Scheffler-Spiegels im Winter größer als im Sommer, da im Winter aufgrund des niedrigen Höhenwinkels der Sonne eine größere effektive Spiegelfläche beschienen wird. Insgesamt ist die Energieausbeute im Sommer durch die längere Sonnenscheindauer natürlich größer.

◂ Die Kochstelle des Scheffler-Spiegels

EINE EXPERIMENTELLE MIKRO-BIOGASANLAGE

Die solaren Anlagen des Testfeldes decken den Energiebedarf der Küche des Testfeldes in den Sommermonaten. Auf der Suche nach einer Ergänzung für die sonnenarmen Winternonate kam das SolarVillage-Team auf Biogas. Eine in Nepal und China vielfach bewährte Bauweise wird erstmals auf europäische Verhältnisse modifiziert und gebaut. Die experimentelle Baustelle war gleichzeitig ein Forschungs- und ein Ausbildungsprojekt im Rahmen des Globalen Campus.

Biogas kann aus jeder Form von Biomasse durch anaerobe Prozesse, also in einer luftdichten Biogas-Anlage, gewonnen werden. In Tamera fallen im Jahresverlauf verschiedenste Formen von Biomasse an: Küchenabfälle, Baum- und Strauchschnitt, Pferdemist und menschliche Exkremente in den Komposttoiletten. Dieses Potenzial auf um-weltschonende Weise zur Energiegewinnung zu nutzen, ist das Ziel der Mikro-Biogasanlage.

Wenn in Europa von Biogas als Energiealternative die Rede ist, sehen dies viele Umweltaktivisten eher kritisch: Für die hier fast ausschließlich gebauten Großanlagen wird die Biomasse in großen Monokulturen erzeugt, entsprechend gedüngt und nimmt der Lebensmittelproduktion den Platz. Wenn alle Faktoren einbezogen werden, ist die Effektivität mehr als fraglich.

In Nepal und China ist dies ganz anders: Dort erzeugen „Mikro-Biogasanlagen" oder „Digester" in den Dörfern mit einfachster Technik Biogas, das zum Kochen und für den Busantrieb eingesetzt wird. Die Anlage besteht aus einer unterirdischen Gärgrube, die mit einer gemauerten Kuppel oder Betonkuppel abgedeckt ist. Das organische Material wird mikrobiell zu Methan vergoren. Das aufsteigende Gas sammelt sich in der Kuppel und wird von dort in einen Speicher oder über Leitungen direkt in die Küche zum Kochen geleitet.

An die Anlage werden auch einige Toiletten angeschlossen. Durch einen Einfülltrichter können Küchenabfälle oder anderes organisches Material mit Wasser vermischt und dann dem Gärbehälter zugeführt werden. Die vergorene Biomasse wird als hochwertiger Flüssigdünger im Landschaftsgarten eingebracht.

Als Experiment werden in der Anlage auch Materialien vergärt, die im Allgemeinen als unbrauchbar für Biogasanlagen gelten, zum Beispiel Baum- und Strauchschnitt, der in größeren Mengen in Tamera anfällt.

Martin Funk, einer der an der Umsetzung beteiligten Ingenieure: „Diese Mikro-Biogasanlage ist eine echte Low-Tech-Lösung, wie sie auch in einfachen Werkstätten realisiert werden kann. Auch ungelernte Bewohner ärmerer Länder können sie nachvollziehen und nachbauen und sich so ihre eigene Energieunabhängigkeit verschaffen."

Eine internationale Gruppe lernt im Testfeld, eine Mikro-Biogasanlage aufzubauen.

INTERVIEW IN DER NAHEN ZUKUNFT

Herzlich willkommen in der Zukunft. Im Jahre X, kurz vor der Eröffnung der Solaren Universität in Tamera, lädt die Besatzung des SolarVillages ein Team von internationalen Fachjournalisten ein. Sie stellen das multifunktionale, solare Kleinkraftwerk = Energy Power Greenhouse (EPG) vor. Seine einzelnen Komponenten haben vor kurzem die Nullserienreife erreicht. Jürgen Kleinwächter und seine Mitarbeiter im SolarVillage zeigen den Journalisten die Anlage.

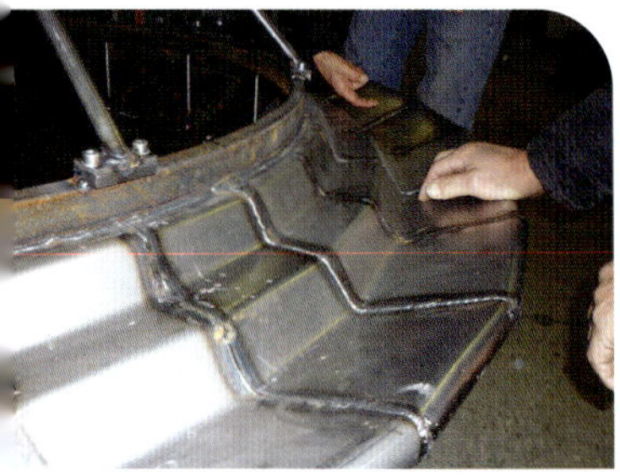

Entwicklungsstufe des Sunpulse Hotoil - Ausschnitt

Das "Hot Lake"-System - Energiegewinnung durch Temperaturunterschiede im Wasser

Sunflower - ein Linsensystem

Jürgen Kleinwächter: Willkommen im Energietreibhaus des SolarVillages.

Sergio Ramirez, Spanien: Erstaunlich. Die Hülle scheint hochtransparent, trotzdem bestehen im Gewächshaus diffuse Lichtverhältnisse, und die Temperaturen sind einigermaßen angenehm. Und das, obwohl es draußen frühsommerlich warm ist. Wie geht das? Bei uns in Spanien streichen wir entweder die Außenhülle von Gewächshäusern mit Kalkfarbe an oder bringen Schattennetze in Position.

Jürgen Kleinwächter: Unterhalb der Treibhaushülle, vor Wind und Wetter geschützt, haben wir leichte, sich automatisch der Sonne zuwendende Linsensysteme angebracht. Die sehen zwar komplett durchsichtig aus. Wenn Sie sie aber genau betrachten, sehen Sie eine ganz feine Riffelung, ähnlich einer Schallplatte. Diese Struktur wurde von Augustin Jean Fresnel im Jahre 1819 erfunden. Die Fresnellinse verdichtet den so genannten Direktanteil der Solarstrahlung, das ist der Teil des Lichtes, dessen Strahlen fast parallel auf der Erde anlangen, auf eine Brennlinie. Die Rohre unterhalb der Linsen wandeln dieses konzentrierte Licht in Hitze, die über einen Pflanzenölkreislauf einem Heißöl-Energiespeicher zugeführt wird. Wir haben also den Direktstrahlungsanteil des Sonnenlichtes aktiv ausgefiltert und mit dem Heißöl-Strom aus dem Gewächshaus ausgeleitet. Deswegen ist die Temperatur hier angenehm. Der Anteil des Lichtes, der aus allen Richtungen des blauen Himmelszeltes zu uns gelangt, das sogenannte diffuse Sonnenlicht, dringt durch die Linsen, ohne von den Heißöl-Rohren abgefangen zu werden, und sorgt für die blendfreie Beleuchtung im Inneren.

Michal Ysof, Israel: Man könnte also sagen, dass hier die optische Eigenschaft von Linsen als selektiver Separator der beiden Lichtkomponenten direkt/diffus genutzt wird. Jedoch stellt sich mir eine Frage: Bei blauem Himmel steckt der weitaus größere Energieanteil in der direkten Strahlung. Bedeutet dies nicht, dass den Pflanzen, die nun nur diffuses Licht erhalten, zu wenig Energie für die Photosynthese zur Verfügung steht und sie deshalb schlechter wachsen?

Jürgen Kleinwächter: Glücklicherweise brauchen die Pflanzenkraftwerke bei ihrer Umwandlung des Sonnenlichtes über das Chlorophyll der Blätter nur ca. 200 W/mÇ Strahlungsenergie, um optimal wachsen zu können. Bei blauem Himmel strahlen jedoch bis zu 1000 W/mÇ ein, davon ca. 800 W/mÇ direkte Strahlung. Auf der Pflanzenebene treffen also 200 W/mÇ diffuses Licht ein. Das sieht also schon recht gut aus. Dazu kommt, dass die Pflanzen nicht alle Wellenlängen des Lichtes gleich gut zum Wachsen nutzen. Sie lieben bestimmte Farben des Regenbogenspektrums besonders, andere Farben weniger oder gar nicht. Man spricht in diesem Zusammenhang von PAR-Licht (Photosynthetic Active Radiation). Wesentliche Pionierarbeiten zu diesem Thema wurden übrigens in Ihrer Heimat, im Blaustein Institut bei Beer-Sheva in der Negev Wüste geleistet. Auf dieser Grafik sehen Sie das in das gesamte Sonnenspektrum eingebettete PAR-Spektrum. Man sieht beispielsweise, dass die Pflanze das grüne Licht fast gar nicht nutzt – deshalb sieht das Blatt ja grün aus, weil es das grüne Licht reflektiert. Könnten wir die Pflanzensprache sprechen, so würden wir verstehen, wie sie sagt: „.Ich mag blaues Licht, aber noch viel mehr gelbrotes Licht!“

Claudio Sanchez, Bolivien: Wenn ich mir vorstelle, wie viel mehr Ihre optischen Linsen mit Heißölkreislauf im Vergleich zu „normalen" Gewächshäusern kosten, abgesehen von allem anderen, das wir sicher noch zu sehen bekommen, dann frage ich, wo bleibt die Ökonomie?

Fernando Pereira, Praktikant in Tamera: Wenn Sie, sagen wir, 1 qm eines „normalen" Gewächshauses mit 1 qm unseres Gewächshauses vergleichen, schneiden wir allerdings schlecht ab. Wenn Sie jedoch den Gewinn der Stromerzeugung in die Rechnung einbeziehen, sieht das schon ganz anders aus.

(Er drückt auf einen Knopf, und das Schwungrad des vor dem Gewächshaus stehenden Stirlingmotors beginnt sich zu drehen und produziert, wie an hellaufleuchtenden Lampen zu sehen ist, elektrischen Strom).

Lassen Sie mich nochmal kurz beschreiben, was hier vorgeht: über die Fresnellinsen hat das direkte Licht das Öl erwärmt und damit diesen Speicher, der neben der Maschine steht, mit Prozesswärme gefüllt. Dass dieser Vorgang auch für die Pflanzen im Gewächshaus nützlich ist, haben wir schon besprochen. Durch Drücken des Startknopfes habe ich heißes Öl durch einen Wärmetauscher geleitet, über den wiederum die Luft im Sunpulse-Stirlingmotor aufgeheizt wird, sich ausdehnt und zu arbeiten beginnt. Und das kann sie tagsüber und auch nachts, denn wir haben die Wärme ja gespeichert. An das Schwungrad kann ich nun, neben dem Generator zur Stromerzeugung, auch jedes andere im dörflichen Umfeld nützliche System anschließen.

(Er legt einen Hebel um, der einen Transmissionsriemen mit dem Schwungrad in Kontakt bringt, und betreibt damit eine Kornmühle und erzeugt Mehl).

Li Sho-Mun, Studentin im Testfeld: Ich möchte in diesem Zusammenhang noch Folgendes ergänzen: Wie Sie gesehen haben, ist gleich nach dem Start der Sunpulse-Maschine, auch Wasser aus dem danebenliegendem Tiefbrunnen gepumpt worden. Stellen Sie sich ein traditionelles Dorf vor: Es hat einen Brunnen, aus dem Wasser gepumpt werden muss. Dies gehört zur Multifunktionalität der Anlage: Der Stirling-Motor braucht neben der Zuführung von Wärme in seine heiße Zone auch Kälte. Indem wir mit einem geringen Teil der Motorleistung nun kühles Brunnenwasser fördern, das nach dem Durchlaufen des Motorkühlers mit nur wenig höherer Temperatur zum Kochen und Gießen zur Verfügung steht, haben wir beide Problematiken gelöst.

Zum Mittagessen wird die Gruppe der Journalisten zu Tisch gebeten. Im Halbschatten des Energiegewächshauses, inmitten von Tomatenpflanzen, Gemüsen, Blumen und Sträuchern, wurde ein Buffet aufgebaut. Doch zuerst bittet das Kochteam die Besucher in die „24-Stunden-Solarküche" gleich nebenan.

Pavel Cernenko, der Chefkoch des SolarVillages, erklärt ihnen die Küche: Sehen Sie diese doppelwandigen Erhitzertöpfe. Hier fließt das heiße Öl hindurch, und mit diesen Knöpfen kann ich es regulieren. In diese Gefäße werden die eigentlichen Kochtöpfe eingehängt – und nun kann ich darin kochen und braten, ebenso komfortabel wie auf einem elektrischen Herd. Das Gemüse, das Sie essen, ist hier im Gewächshaus gewachsen. Das Brot wurde hier im Backofen gebacken. Diese Kammer in der Kochplattform dient als Backofen. Fünf Seiten der Kammer werden von Heißöl umflossen und geben dadurch einen hervorragenden Strahlungsofen ab.

Internationale Teilnehmer der Ausbildung

Jürgen Kleinwächter bei der Vorstellung des Sunpulse Water

Entwicklung des Sunpulse Hotoil

Jürgen Kleinwächter: Bitte stellen Sie sich doch einmal vor, was diese Möglichkeit, solar zu kochen, beispielsweise für Frauen im Sahel bedeutet, die pro Tag bis zu 40 km laufen müssen, um das letzte noch verbliebene Holz zu sammeln, bei brütender Hitze und die dann auch noch über rauchenden Feuern kochen müssen. Dieser Mehrwert kann mit Geld allein gar nicht beziffert werden!

John Ulele, Kenia: Ich muss gestehen, ich bin begeistert. Bitte verstehen Sie mich deshalb nicht falsch, wenn ich auch kritische Fragen stelle. Wie soll das in Serie überführt werden, dass es sich, sagen wir eine Dorfgemeinschaft in Mali, leisten kann? Wer wartet dieses komplexe System, wer repariert die mit Sicherheit von Zeit zu Zeit auftretenden Schäden?

Li Sho-Mun: Alle Systeme können mit einfachen Mitteln und Materialien mit klassischen Werkzeugmaschinen hergestellt werden. Wenn sich also eine Dorfgemeinschaft oder eine Region für diese Technologien interessiert, dann bieten wir einer Gruppe von begabten, handwerklich geschickten Menschen aus dieser Region die Möglichkeit, dieses in Praxis kennenzulernen, die dazugehörigen Theorien und Zusammenhänge in unserer Technischen Hochschule zu studieren und vor allem in unserer Lehrwerkstatt die Erfahrung zum Nachbau zu sammeln. Damit können sie in ihrer Heimat ein eigenes Solar Power Village aufbauen.

Naida Teketé, Mali: Wenn das stimmt, müssten die „Armutsemigranten", also all die Menschen aus unseren Dörfern, die aus Not ihre Heimat verlassen, nicht mehr die gefährliche Reise nach Europa unternehmen, denn sie fänden vor Ort Arbeitsplätze. Am schönsten wäre, wenn man mit dem Sunpulse auch Kälte produzieren könnte, dann könnten wir wertvolle Früchte wie etwa die Mangos, die wir während der Woche ernten, lagern und am Wochenende auf dem Markt verkaufen!

Fernando Pereira: Diesen Wunsch können wir erfüllen. Das Prinzip des Stirlingmotors lässt sich umkehren. Hier, diese große wärmeisolierte Box neben dem Stirlingmotor ist mit einem Schwungrad versehen, das über diesen Antriebsriemen einfach mit dem Schwungrad des Sunpulse Motors verbunden ist. Ich demonstriere das mal gerade.
(Er legt ein paar Hebel um, so dass das Schwungrad der Kältebox sich synchron zum Sunpulse Schwungrad dreht.)

Nun beobachten Sie bitte dieses Thermometer, das die Lufttemperatur im Inneren der Kältebox anzeigt!

(Sofort sinkt die Temperatur und hat nach einigen Minuten die Null Grad Celsius Grenze unterschritten.)

Es ist eine invers laufende Stirlingmaschine. Die Kühlbox ist im Inneren wie ein zweiter Stirlingmotor aufgebaut. Das bedeutet, dass der Sunpulse Motor aus einer Wärmedifferenz zwischen dem solarerhitzten Öl und dem kühlen Brunnenwasser mechanische Energie produziert. Wird diese über den Antriebsriemen an die zweite Stirlingmaschine in der Kühlbox geführt, dann macht diese genau das Gegenteil wie die erste Maschine: Sie produziert aus mechanischer Energie eine Wärmedifferenz. In der Kammer wird es kalt, außerhalb der Kammer entsteht über einen Wärmetauscher warmes Wasser, mit dem wir beispielsweise nach dem Essen unser Geschirr spülen werden. Das „Kältemittel" ist einfach Umgebungsluft!

Jürgen Kleinwächter: Zum Ausklang dieses guten Solaressens schlage ich vor, dass wir, bevor wir uns die Arbeiten unseres „Free-Lab" demonstrieren lassen, noch etwas „Solar-Musik" genießen.

(Fernando lenkt das von einer Fresnellinse hoch konzentrierte Sonnenlicht auf verschieden lange, drehbar um einen Mittelpunkt gelagerte durchsichtige Rohre, so dass sich jeweils immer ein Rohr im Brennfleck befindet. Das jeweils beschienene Rohr beginnt nach kurzer Zeit einen

orgelartigen Ton zu erzeugen. Durch Drehen der Anordnung kann eine einfache Tonfolge erzeugt werden, der etwas Geheimnisvolles, Archaisch-Schamanenhaftes anhaftet.)

Li Sho-Mun: Kommen Sie nun bitte mit in unser „Free-Lab".

(Die Gruppe betritt einen dunklen, fensterlosen Raum, in den Schläuche und Platten hineinragen. An den der Sonne zugewandten Seiten richten sich Linsen, Spiegel und andere optische Elemente wie Blumen zur Sonne hin aus.)

Li Sho-Mun: Gehen Sie nur hinein, wir schließen dann hinter uns die Tür.

(Die Gruppe erlebt nun, wie durch flexible Lichtrohre und Platten weißes Tageslicht in den fensterlosen Raum strömt. Flächen und Rohre verteilen Licht über Totalreflektion, sodass es angenehm blendfrei und dennoch sehr hell den Raum ausleuchtet. Unter den Leuchtkörpern befinden sich die verschiedensten Pflanzen, einige davon in rot-gelbem Licht.)

Fernando Pereira: Nun werde ich die Eingangsoptiken aus der Sonne drehen! *(Augenblicklich wird es dunkel im Raum.)* Jetzt erleben Sie, wie wir flüssiges, gespeichertes Sonnenlicht aus diesem Speicher hier im Raum verteilen.

(Er tritt in den dunklen Raum und drückt auf einen leuchtenden Knopf. Das Staunen der Gruppe ist greifbar, als sich eine grün leuchtende Flüssigkeit durch lange, durchsichtige Schläuche und Platten bewegt. Wo diese leuchtende Flüssigkeit in den Bereich der Pflanzen kommt, wird das Grün durch vorgehängte dünne Filterfolien in rot-gelbes Licht gewandelt. Die Fragen schießen nun nur so durcheinander.)

Was ist flüssiges Licht?
Wozu müssen wir Licht speichern?
Wäre das nicht interessant zur Beleuchtung von fensterlosen Räumen, wie sie z.B. oft in großen, kommerziell genutzten Gebäuden vorkommen?

Jürgen Kleinwächter: Wir können uns vorstellen, insbesondere in extrem heißen oder extrem kalten Klimazonen, das Gewächshaus einige Meter unter die Erde zu bringen und damit in den Genuss der nahezu konstanten Temperatur des Erdreiches in dieser Tiefe zu kommen. Natürlich geht das nur, wenn wir das konzentrierte Sonnenlicht auf effiziente und ökonomische Weise durch kleine Querschnitte in diese Tiefe bringen können, es dort verteilen und vom Spektrum her anpassen. All das demonstrieren die Systeme, die Sie hier im „Licht-Free-Lab" sehen können. Insofern glauben wir, uns nicht allzu weit von natürlichen Systemen zu entfernen. Die Konzepte zu diesen Systemen haben wir vor einiger Zeit für die Tageslichtnutzung in Wohngebäuden erdacht, und einige davon wurden auch mit gutem Erfolg vermarktet.
Nun zu der Frage, was flüssiges Licht eigentlich ist: Wir entdeckten, dass sich phosphoreszierende (nachleuchtende) Lichtpigmente in gewissen transparenten Flüssigkeiten in eine stabile Suspension bringen lassen. Danach lag es nahe, diese Flüssigkeit durch durchsichtige Doppelplatten fließen zu lassen, sie dort Sonnenlicht aufnehmen zu lassen und die nun leuchtende Flüssigkeit in einen Speichertank einzubringen. Da sie sehr lange nachleuchtet, können wir sie nun nachts nutzen und beispielsweise Pflanzen beleuchten. Das Ganze ist noch im Versuchsstadium, wir sehen viele Verbesserungsmöglichkeiten – also ein echtes Free-Lab Thema.

Li Sho-Mun: Sehr spannend im Zusammenhang mit unserer Lichtforschung ist auch die Entwicklung dieses Mikroalgen-Lichtreaktors, der es gestatten wird, in Kombination mit dem Linsensystem unseres Energie- Gewächshauses auf derselben Grundfläche in der „oberen Etage" Pflanzenöl für Energiezwecke zu gewinnen und im Raum darunter Bio-Nahrungsmittelpflanzen anzubauen.
(Sie zeigt einen Versuchsaufbau.)

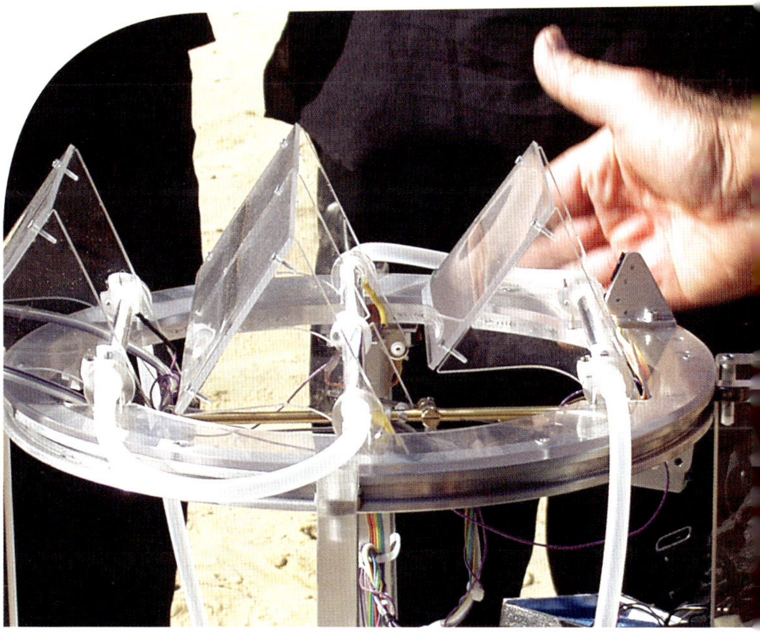

Studienmodell des Fresnellinsensystems auf dem Jugendplatz

Jürgen Kleinwächter: Lassen Sie uns auch einmal anschauen, was unsere Mechaniker hier gerade aufgebaut haben.

Die Gruppe wird zu einem Versuchsstand geleitet. Dort steht ein „Reaktor für Biomasse", in dem menschliche Fäkalien und sonstiger Bio-Abfall praktisch rückstandsfrei in einer weiß leuchtenden Flamme verbrannt werden.

Jürgen Kleinwächter: Auf diese Idee brachte uns Horst Wagner aus Würzburg in Deutschland. Er zeigte uns, wie man mit einem äußerst einfachen Filter der Atmosphäre fast reinen Sauerstoff entziehen kann, der dann problemlos und gefahrlos in diesen Blasenspeichern (zeigt auf einen Folienspeicher, wie er von Biogasanlagen her bekannt ist) gespeichert werden kann. Bei Bedarf wird nun die feuchte Biomasse in praktisch reiner Sauerstoffatmosphäre verbrannt. Wir haben daraus eine Anlage entwickelt, die auf elegante Weise auch das hygienische Problem der mangelnden „Stillen Örtchen" in südlichen Dörfern lösen und zusätzlich Energie in den Solar-Heißölspeicher bringen kann!

Fernando Pereira: Ich möchte Ihnen nun demonstrieren, dass wir unsere Linsensysteme auch mit photovoltaischen Zellen kombinieren können statt mit den bisher demonstrierten thermischen Absorbern. Dies findet besonders in Europa derzeit großen Anklang, da für den erzeugten Strom interessante Einspeisetarife ins öffentliche Stromnetz existieren. Das hat zu einem wahren Boom der Photovoltaik geführt. Allein in Deutschland sind nun bereits mehrere 3-GW-Photovoltaik-Kraftwerke installiert. Allerdings muss nun der erzeugte Strom deutlich preiswerter werden. Dieses können wir mit unserer Technologie leisten. Wir werden damit Stromproduktionspreise von weniger als 10 Cent/kWh erreichen und dabei all die Vorteile unseres Energiegewächshauses haben. Solarstrom wird damit auch in unseren geographischen Breiten ohne jede Subvention wirtschaftlich.

Jürgen Kleinwächter: Über die Methode der Rückgewinnung von Wasserdampf im Gewächshaus mittels elektrostatischer Felder könnten wir Ihnen einiges erzählen. Jetzt möchten wir Ihnen zwei weiterführende Anwendungen kurz demonstrieren. Zum einen, wie wir mittels dieser Methode Wärmeübergänge mit minimalem elektrischen Energieaufwand um mindestens eine Größenordnung verbessern. Wir haben diese Methode deshalb ETT, also Elektrostatisch Thermischer Transistor genannt. Zum zweiten, etwas wirklich Spektakuläres – einen Mini-Tornado, ebenfalls durch E-Felder kontrolliert. Mit ihm können wir nicht nur äußerst elegant aus Meerwasser Süßwasser destillieren, sondern zusätzlich die Kinetik des Tornados zur Energiegewinnung nutzen!

Übrigens: Die technischen Entwicklungen, die hier beschrieben sind, sind kein Science Fiction, sondern reale Erfindungen aus dem Labor von Jürgen Kleinwächter. Einige von ihnen sind bereits in Tamera zu Test- und Demonstrationszwecken aufgebaut.

Jürgen Kleinwächter und Sepp Holzer in Tamera

Das Sunflower-Linsensystem wird montiert

DAS SOLARVILLAGE ALS AUSBILDUNGSORT DES GLOBALEN CAMPUS

Im Rahmen des SolarVillage wird ein Zentrum für die Erforschung und Ausbildung in gewaltfreier Technologie entstehen. Sie wird vorläufig Solare Universität oder auch TTT-Plattform genannt: Technologie, Training und Transfer. Hier werden Vordenker aus vielen Disziplinen zusammen nachdenken, sich austauschen und forschen können, vor allem auch Pioniere der Forschung, die an anderen Stellen nicht gehört oder sogar behindert werden. Tamera erweitert diese Zusammenarbeit um sein soziales und humanes Wissen aus der langjährigen Gemeinschaftsforschung.

Die Solare Universität wird den Raum für die Zusammenführung, Vernetzung und Verbreitung von internationalem technologischem Wissen bieten. Sie ist ein Nährboden für das „Free Lab", in dem Zukunftskonzepte entstehen: z.B. im Bereich der Wirbelforschung, der Lichtspeicherung, der Wirkung von Magnetfeldern auf Pflanzen und vielem mehr.

Ziel aller Forschung ist die Schaffung autarker, dezentraler Siedlungsstrukturen, anpassbar für alle Klimazonen der Welt.

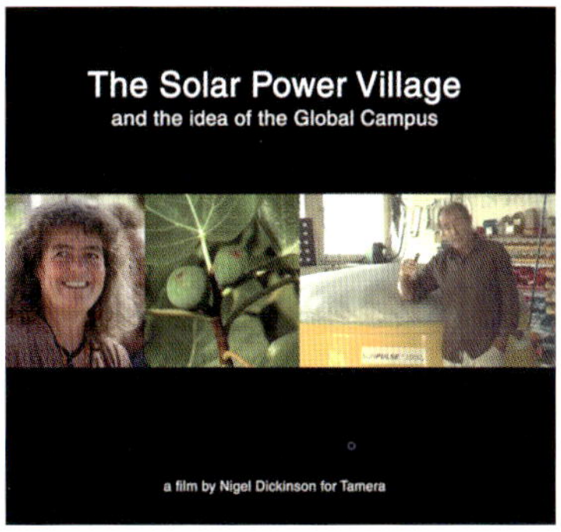

Der Solar Power Village Film

Im Jahr 2007 entstand ein 22-minütiger Film über das SolarPowerVillage von Nigel Dickinson in englischer Sprache. Der Film zeigt und erklärt in inspirierender Weise die Technologie und erklärt die Idee des Globalen Campus.

Er kann in Tamera bestellt werden.

Mehr Informationen:
Barbara Kovats, SolarVillage@tamera.org

SolarVillage Interaktive Präsentation
▸ **solarvillage.tamera.org/presentation**

Der Solar Power Village Film
▸ **www.solarpowervillage.info**

Im SolarVillage und auch in ganz Tamera sind bis jetzt zwei Baurichtungen verwirklicht: Der Lehmbau – orientiert an der Überlegung, kostengünstige Alternativen zu realisieren, die die Ressourcen der Umgebung nutzen – und die Mehrzonenarchitektur, die derzeit vor allem durch die Schattendachkonstruktionen sichtbar wird. Noch sucht das SolarVillage nach einem visionären Konzept für eine solare Architektur der Zukunft. Im Folgenden sind die zwei Ansätze anhand der jeweiligen Architekten beschrieben: Gernot Minke, ehemaliger Professor für Lehmbau in Kassel, Deutschland, und Martin Pietsch, Designer und Baumeister, Tamera.

LEHM, STROH UND GRAS

Die Wiederentdeckung von ökologischem Baumaterial

Acht Meter hoch ragen die Wände der Aula von Tamera. Mit 400 Sitzplätzen ist das Auditorium des Friedensforschungszentrums der größte Strohballen-Lehm-Bau der Iberischen Halbinsel. Durch sein Gründach und seine erdfarbenen Wände schmiegt er sich harmonisch in die Umgebung ein, fast als habe er eine Tarnkappe. Wenn die Besucher aber eintreten, staunen sie über seine Erhabenheit. Die Balken des Holzständers und seine harmonikalen Proportionen vermitteln ein Gefühl von Größe. „Fast wie in einer Kathedrale", sagen Besucher häufig.

Die Aula besteht aus einem Holzständerwerk, das mit Strohballen zugemauert und innen und außen mit einer Lehmschicht verputzt wurde. An der Außenwand wurde dem Lehm Kalk beigemischt, um sie vor der Witterung zu schützen. Das sanft geneigte Dach ist mit Gras und Kräutern bewachsen.

Bauen mit Lehm hat eine lange Tradition in Portugal. Die Kombination mit neuen Bautechniken und Materialien wie Stroh und Gründächern sowie mit Solararchitektur macht es möglich, moderne Architektur, futuristisches Design, Kuppeln und Bögen zu bauen und den Komfort eines modernen Lebens anzubieten. Bauen mit Lehm und Stroh ist eine Alternative, die Geld und Arbeitskraft spart, ein gutes Raumklima erzeugt und altes Wissen mit neuen Techniken kombiniert.

„Wie lange wird das halten?" fragt ein Besucher.

„Wenn keine mechanische Beschädigung eintritt, für immer", antwortet Gernot Minke. Er hat diese Art von Fragen schon viele tausendmal beantwortet. Mittlerweile stehen unzählige Bauwerke des 73-Jährigen in Südamerika, Afrika und Deutschland.

Die Aula bei einem Vortrag während einer Sommeruniversität.

Beate Möller und Gernot Minke

„Warum Strohballen?“ wollen die Besucher immer wieder wissen. „Aus zwei Gründen“, antwortet Professor Minke. „Mit Strohballen zu mauern, geht durch ihre Größe sehr schnell, und das spart Arbeitskosten. Der zweite Grund ist die hervorragend Isolationskraft. Aber“, fügt er hinzu, „man muss wissen, wie es geht.“

In seinem baubiologischen Institut in Kassel erarbeitete er zahlreiche Verbesserungen für die Arbeit mit Strohballen, Lehm und Gründächern. Tamera wurde für ihn zu einem Experimentierort für neue Techniken. So baute er hier das „Drei-Bogen-Haus“: das erste selbsttragende Strohballengebäude der Welt. Die Kuppeln des Hauses sind ganz ohne Holzständer, nur mit Strohballen aufgebaut worden. Dafür wurde in seinem Institut eigens eine Maschine entwickelt, die jeden Strohballen exakt im richtigen Winkel zuschneidet.

„Sind diese Häuser erdbebensicher?“ kommt eine Frage.

„In Guatemala baue ich Häuser dieser Art speziell für erdbeben-gefährdete Gebiete; denn es sind die erdbebenfestesten Gebäude, die es gibt. Das Holz ist elastisch, das Stroh macht die Bewegung mit. Bei einem Erdbeben fällt lediglich der Lehmputz ab.“

Darüber hinaus sind Strohballen-Lehm-Gebäude recht feuersicher: Eine mit Lehm verputzte Strohballenwand hält bei einer genormten Feuerbeanspruchung über 90 Minuten stand.

Prof. Minke baut ausschließlich Häuser mit Gründach, in Portugal dagegen sind sie noch eine Seltenheit.

„Dabei haben wir sehr gute Ergebnisse“, konstatiert Beate Möller, die Architektin von Tamera. „Nur im ersten Jahr haben wir das große Gründach auf der Aula bewässert. Jetzt werden die Gräser und Kräuter zwar im Sommer gelb, aber mit dem ersten Regen werden sie wieder grün. Gründächer besitzen eine hervorragende Isolationseigenschaft. Die Temperatur in den Häusern mit Gründach ist immer angenehm.“

Professor Minke und Beate Möller sind sicher, dass beide Innovationen – Strohballenbau und Gründächer – auch für den Alentejo sehr kostengünstige und baubiologisch geeignete Methoden sind.

▲ **Das Sol e Adobe** – ein Projekt des Berliner Vereins für den Aufbau von Friedensforschungsdörfern – ist der gemeinsame Versuch von Jürgen Kleinwächter und dem Lehmbau-Architekten Heiner Lippe, Lehmbau und einfache Solarenergie zu kombinieren. So entstand ein Lehmbau in Modulbauweise mit einem „Sunflower“-Linsensystem im Dach. Zusammengesetzt könnten kleine und größere Module wie dieses eine autonome Siedlung bilden. In einem internationalen Seminar wurde das Sol e Adobe gebaut: Kinder und Jugendliche, Studenten aus verschiedenen Ländern, darunter Israel und Palästina, beteiligten sich. ▼

Das Dreibogenhaus im Bau -
ein Experimentalbau von Gernot Minke.

DIE MEHRZONEN-ARCHITEKTUR VON MARTIN PIETSCH

▾ Das "Liminal" beim Boom-Festival 2008 in Portugal

Im Testfeld überspannen gewölbte, helle Dachkonstruktionen aus regenfester Zelthaut und dunkler Schattengaze den Dorfplatz. In verschiedensten Abstufungen von intensiv warmen Sonnenarealen bis hin zu kühlen Schattenplätzen bilden sie das Gemeinschaftszentrum. Durch das Zusammenspiel mit einer ökologischen Gestaltung entstehen kleinere und größere soziale Treffpunkte. Die großzügige Membrankonstruktion, entworfen von Martin Pietsch, ist eine Annäherung an die semipermeable Architektur, in der Wohnen und Kontakt mit der Natur in einem sich gegenseitig steigernden Zusammenspiel gestaltet wurden.

Seit Beginn von Tamera plant und baut Martin Pietsch seine weit geschwungenen Membrandächer. Ihre fantasievollen, gleichwohl zweckdienlichen Formen erinnern teilweise an große Blüten, Pilze oder UFOs. Sie schmiegen sich im Sommer über große Teile des Tamerageländes. Sie sind jedoch nur ein Teil einer großen Baukunstidee, die Martin Pietsch mittlerweile auch in anderen Teilen Portugals verwirklichte: z.B. 2008 auf dem Boom-Festival in Idanha-da-Nova.

Als ehemaliger Messebau-Designer gestaltet Martin Pietsch seit drei Jahrzehnten Membranarchitektur und organische Bauten für Zukunftsgemeinschaften. Für die Formfindung ist neben der sozialen Bauaufgabe die Musik, namentlich der Tanz, seine größte Inspirationsquelle.

"Als Einstieg in die Formbildung ist mein Körpergefühl entscheidend", erklärt er. "Ich fühle die Form viel mehr, als dass ich sie berechne – und dabei ist mir immer der innere Tanz der Seele und der äußere Tanz des Körpers Maßstab für das Gelingen. So wie mein Körper Melodie und Rhythmus in vielgestaltig meandrierende Bewegungen übersetzt, so suche ich nach künstlerischen Formen, die Mensch und Natur zu einem gemeinsam pulsierenden Tanz verführen."

Wie ist er dazu gekommen, seine Architektur an einem Ort wie Tamera zu realisieren?

Martin Pietsch: "Die Entwürfe, die ich früher für Auftraggeber aus der Industrie entwickelt habe, wurden in nahezu allen Kontinenten verwirklicht. Doch mir wurde irgendwann bewusst, wie sehr das Leben der industrialisierten Welt die Erde zerstört und letztlich auch mich selbst. Ich musste aus meiner Karriere aussteigen und arbeite seitdem ausschließlich für Projekte, die der Erde dienen.

Ich sehe es als meine größte Aufgabe, eine neue soziale Baukunst zu entwickeln."

Von seinen Arbeiten in Tamera waren bisher die Membrandächer die auffälligsten. Doch sie sind nur ein Teil der von ihm entwickelten Mehrzonenarchitektur. Ein Beispiel ist das Haus für Kunsthandwerk, "Casa Sandra": Das großzügige Bildhauer-Atelier von Sandra Schmidt folgt im Äußeren harmonisch dem Fluss der Landschaftsformation. Ganz im Inneren liegt der Wohnbereich, wo unabhängig vom Wetter die Wärme passiv reguliert werden kann; davor das gut durchlichtete und luftdurchströmte Atelier, weiter außen die Innenhöfe, Terrassen, meist regengeschützte Bereiche, zu denen die Tiere und Pflanzen der Umgebung freien Zugang haben. Die

▲ "Dach des Friedens" vor dem Gästehaus von Tamera

◄ Die "Esplanade" auf dem Boom-Festival 2008 in Portugal

Bewohner bzw. Nutzer einer Mehrzonenarchitektur können also das Maß an Kontakt mit den Elementen und den Wesen der Natur je nach Bedarf wählen. Ganz organisch breitet sich ihr Leben und Schaffen an den Orten aus, wo sie sich miteinander wohlfühlen. Das Leben in einer Mehrzonenlandschaft ist das Gegenteil von der jahrhundertelang durch entsprechende Stadtkonzepte verordneten parzellierten Isolierung des Menschen vor einer als bedrohlich empfundenen Umwelt.

Wie entstand die Idee der Mehrzonenarchitektur?

Martin Pietsch: "Wenn ich in dem Bewusstsein lebe, dass ich mit allen Lebewesen vernetzt bin, dann entsteht folgerichtig der Gedanke, dass bei der Gestaltung des Lebensraumes für den Menschen auch alle anderen Mitbewohner eines Biotops durch eine bewusste Planung mit einbezogen werden müssen. Willkürliche, angstbesetzte Abgrenzungen zerstören den komplexen Lebensrhythmus und harmonischen Zusammenklang dieses unglaublich fein verwobenen Orchesters, das die Evolution da bisher um den Menschen herum hervorgebracht hat. Die Mehrzonenarchitektur ist der Versuch, den Menschen in dieses all-tägliche Netzwerk der Evolution wieder einzuweben. In ihr können sich das Wettergeschehen sowie Pflanzen und Tiere in den geschaffenen Zonen einfinden, um mit dem Menschen ein koevolutionäres Biotop zu bilden. Die Bauten, die sich wie gut gesetzte Samenkörner in der Landschaft ausbreiten, sind so gleichzeitig auch eine Einladung an die Natur, sich auf eine neue Weise zu beheimaten. Die hier gemeinte Baukunst übernimmt die Aufgabe, eine Vielzahl von Räumen zu kreieren, wo sich ein heilender Kontakt in Vertrauen zwischen allen Lebewesen entfalten kann."

▲ Casa Sandra, ein Haus in Mehrzonenarchitektur in Tamera

▼ "Diskus" in Tamera

Freiluftatelier in Schwand, Schwarzwald, Deutschland

Kapitel IV

Tamera

Ein Ausbildungsplatz für die Zukunft

„Alle TeilnehmerInnen einer Friedensausbildung – die Schüler wie die Lehrer – befinden sich in einem höheren Status der Schülerschaft. Das Lernen erfolgt in einem schöpferischen Kontinuum, wo alle Zeichen und Impulse – seien es Tagesereignisse oder Träume, politische Nachrichten oder ein unerwarteter Telefonanruf – in die Ausbildung einbezogen werden. Im Innersten stehen die Transformation der Gewalt, die Wiederverbindung mit den Schöpfungskräften und die Wiederentdeckung unserer Gaia-Erde als eines einheitlichen, beseelten und bewussten Lebenskörpers."

Dieter Duhm

Gruppengespräch im "Dom" auf dem Campus

Die Erde befindet sich in Transformation. Initiativen und Friedensaktivisten weltweit arbeiten an Perspektiven für eine friedliche Zukunft, für ein Überleben der Menschheit auf diesem Planeten. Ob es ihnen gelingt, hängt auch davon ab, dass sie ihr Wissen miteinander verbinden und effektiv weitergeben: verallgemeinerbares Wissen für den Aufbau planetarischer Friedensmodelle.

Tamera ist ein Ausbildungsplatz für die Zukunft. Aus allen Erdteilen kommen junge Friedensarbeiter, um hier zu studieren und sich in den Kenntnissen und Fähigkeiten auszubilden, die für den Aufbau von Friedensdörfern und autonomen Siedlungen gebraucht werden. Die Hauptfächer des Studiums sind Ökologie und Energietechnologie sowie innere und äußere Friedensarbeit.

Die Basis aller Fächer ist das Lernen von Gemeinschaftsaufbau und sozialer Kompetenz.

TAMERA - AUSBILDUNGSPLATZ FÜR DIE ZUKUNFT

Wie sieht das Leben aus, wenn die Großsysteme zusammenbrechen? Ein Leben ohne Supermärkte und ohne Profit, ohne Kinderarbeit und Ausbeutung der so genannten Dritten Welt, ohne Massentierhaltung und Billig-Importe? Was wird sich für die Milliarden von Menschen verändern, die heute in Armut leben, für die Hungernden, für die Menschen in Slums und auf Müllkippen? Was für die Menschen in den jetzigen Industrienationen? Wie sieht eine Welt aus, in der wir alle gleichermaßen satt werden und in Frieden leben?

Ein Sprichwort sagt: Wissen ist Macht. Die großen Visionen der Geschichte waren Visionen von Eroberung und Herrschaft. Den Strategen der Globalisierung und des Militärs waren keine Konzepte zu riskant, keine Ideen zu abwegig, um sie zu prüfen und für ihre Zwecke zu nutzen. Sie wagen sich in immer neue Gedankenbereiche vor. Auch die Wissenschaft diente bisher eher der Ausbeutung von Mutter Erde als der respektvollen Kooperation.

Wenn wir Frieden wollen, sind wir herausgefordert, die Macht des Denkens und Wissens, der Konzeptbildung, der Strategie und Kreativität zu nutzen. Wenn wir eine friedliche Welt aufbauen wollen, brauchen wir Menschen, die gelernt haben, wie das geht. Wir brauchen eine Wissenschaft des Friedens – und Ausbildungssysteme, die dieses Wissen effizient vermitteln.

Monte Cerro Peace Education

Mit der Monte Cerro Peace Education begann am 1. Mai 2006 die erste dreijährige Friedensausbildung in Tamera. Dass in sehr kurzer Zeit die materiellen Voraussetzungen dafür geschaffen werden konnten, war ein kleines Wunder. Geld, Fachkräfte und Material – alles tauchte zur rechten Zeit auf. Sabine Lichtenfels hatte auf ihrer Grace-Pilgerschaft 2005 das Geld für den Bau einer neuen großen Versammlungshalle gesammelt. Die neue Aula mit 400 Sitzplätzen war zu Studienbeginn zwar noch nicht ganz fertig, aber doch provisorisch nutzbar. Die Teilnehmer des ersten Durchgangs konnten mit dem Studium beginnen, wenn auch noch in sehr pionierhaften Unterbringungen und Seminarräumen.

Inzwischen nehmen an der jährlich im Mai beginnenden Friedensausbildung immer mehr Menschen teil. Die Infrastruktur ist beinahe fertiggestellt. Es entstanden ein Campus und ein weiteres Seminargebäude.

Die Friedensausbildung richtet sich nicht nur an Studenten, sondern die ganze Gemeinschaft von Tamera befindet sich in einer permanenten Ausbildung, die Studium, Leben und Arbeiten umfasst. Alle Bereiche von Tamera dienen dem Lernen von Friedenswissen.

Zusätzlich zur Monte Cerro Friedensausbildung gibt es die „Schule der Zukunft“, die von Dieter Duhm und Sabine Lichtenfels gegründet wurde, die „Escola da Esperança“ auf dem Platz der Kinder sowie die Jugendschule „Globales Lernen“. (siehe auch Seite 114 und folgende)

Gemeinschaftliche Mitteilung und Austausch während der Sommeruniversität 2008

Während eines Vortrags in der Aula

Die Fächer

Ökologisches Wissen für die Kooperation mit der Natur

„Gärtner der Erde" ist ein Friedensberuf der Zukunft. Ein Beruf für Menschen, die den Ruf der Erde hören und ihn mit Professionalität, Wissen, Tatkraft und Einfühlungsvermögen beantworten. Zu dem Studium gehören Kooperation mit der Natur, Renaturierung von Landschaften, Anlegen von Wasserlandschaften, Anbau gesunder Lebensmittel, Urban Gardening (Bau von Nahrungsmittelbiotopen in Städten), die Vitalisierung und das naturgemäße Management von Trinkwasser, die Kooperation mit Tieren und vieles mehr. Das Lernen geschieht in Theorie und Praxis. Lehrer sind Sepp Holzer sowie Bernd Müller und andere Mitglieder des Ökologie-Teams. Durch die Mithilfe beim Umsetzen der Wasserlandschaft und der anderen Elemente der Permakultur wird das Wissen vertieft.

Solarenergie

In Vorbereitung ist eine Solare Universität für dezentrale Solarenergie, vorläufig auch TTT-Plattform genannt, mit Jürgen Kleinwächter als ständigem Leiter des Studiums. Schon heute nehmen die Studenten der Friedensausbildung von Tamera an Kursen im SolarVillage-Testeld teil und können Praktika machen. Sie lernen im Energiebereich das Denken der Fülle kennen und die Handhabung einfacher Techniken für die Nutzung von Solarenergie und anderer erneuerbarer Energiequellen, die sie anschließend an verschiedenen Einsatzorten umsetzen können.

Gemeinschaftswissen sowie innere und äußere Friedensarbeit

Gelernt und geübt werden die ethischen Grundregeln von Tamera: Wahrheit untereinander, Verantwortliche Teilnahme an der Gemeinschaft und gegenseitige Unterstützung. Darüber hinaus lernen die Studenten Methoden der Konfliktlösung, die Kunst der Mitteilung in der Gemeinschaft und effektive Zusammenarbeit.

Gemeinschaftsforschung ist innere und äußere Friedensarbeit: Wir können an uns selbst die Veränderungen vollziehen, die wir in der Welt sehen wollen. Die Strukturen, die weltweit zu Machtausübung, Krieg und Gewalt führen, existieren auch im täglichen Miteinander. Gemeinschaft ist eine Lebensweise, in der man lernen kann, Eifersucht, Konkurrenz, Wut zu durchschauen und zu transformieren. Das Forum, das von den Gründern von Tamera entwickelt wurde, ist eine Form der authentischen Kommunikation in Gemeinschaften mit Hilfe von Kunst und Darstellung.

Theorie der globalen Heilung

Die Theorie der globalen Heilung oder auch „Politische Theorie" von Dieter Duhm erklärt, warum wenige Gruppen in der Lage sind, die Welt positiv zu verändern und eine planetarische Gesamtheilung einzuleiten. Im Begriff der „Theorie" ist ein wissenschaftliches System mit einer „Gottesschau" (theos) verbunden. Theorie in diesem Sinn ist nicht nur ein Gebäude abstrakter Sätze,

Juliane Eckmann, eine der Gruppenleiterinnen der Ausbildung

sondern eine geistige Schau. Wirkliche Erkenntnisse setzen eine Energiebewegung frei, welche den Leib ergreift und verändert. Die in der Politischen Theorie von Dieter Duhm zusammengefassten Erkenntnisse dienen deshalb nicht nur der globalen, sondern auch der individuellen Heilung. Die Theorie ist logisch nachvollziehbar und stützt sich auf Erkenntnisse aus der Naturwissenschaft, aus Holographie und Chaosforschung.

Spiritualität

Der Glaube, nur das sei existent, was man sehen und erklären und deshalb auch kontrollieren und steuern kann, ist ein Irrglaube. Zu allen Zeiten gab es erstaunliche und gut bezeugte Phänomene, die von der Wissenschaft zunächst nicht erklärt werden konnten. Ihre Existenz dennoch für möglich zu halten, gehört zu der Intelligenz, die wir brauchen, um die Zukunft vorzubereiten. Zweifel und Nachfragen gehören zu einer zeitgemäßen Spiritualität ebenso dazu wie Meditation, Achtsamkeit und Anteilnahme. Der Erfolg in der globalen Friedensarbeit hängt auch davon ab, ob wir uns für die Kräfte, die wir noch nicht erklären können, öffnen und sie nutzen.

Spiritualität bedeutet, die Einheit allen Seins wahrnehmen zu lernen. Daraus folgt die tiefe Erkenntnis, dass alles, was lebt, aus derselben Quelle kommt und folglich der so genannte Feind auch ich sein könnte.

Sabine Lichtenfels leitet eine besondere Abteilung der spirituellen Forschungsarbeit: das matriarchale Mysterienwissen der alten Steinkreiskulturen. Dazu gehört der Aufbau des Steinkreises von Tamera: ein spirituelles Gesamtkunstwerk aus 96 Monolithen, das in Kooperation von Marko Pogacnik, Peter Frank und Sabine Lichtenfels initiiert und im Juni 2010 fertiggestellt wurde. Er dient der Gemeinschaft als Meditations- und Kraftplatz.

Kunst

Zu den vertiefenden Seminaren der Friedensausbildung gehören regelmäßige Kunstkurse, geleitet von Mitarbeitern von Tamera. Der Schirmherr der Kunstkurse ist Dieter Duhm. Er schreibt:

„In den Kunstkursen gibt es nur eine Anweisung: Beschäftigt euch mit der Welt und nicht mit euren persönlichen Problemen. Die Teilnehmer befolgen die Anweisung gern und mit deutlicher Erleichterung. Tage ohne Nabelschau, ohne Reaktionen von Angst und Vergleich, ohne Pflichten – und dabei die Freude, den Humor und die Begeisterung finden an „sinnlosem" Schaffen. Denn so schafft die Schöpfung." Konzentration, Gemeinschaft, sinnliche Freude an Licht und Farben bewirken bei vielen Teilnehmern einen Daseinszustand, den sie bislang noch nicht kannten.

Musik

Musik ist eine universelle Sprache, die jeder versteht. Bei allen Friedensaktionen, die von Tamera organisiert werden, spielt Musik eine wichtige Rolle. Ob vor der Mauer in Palästina oder bei einer Militärstation im kolumbianischen Regenwald, der Gesang schafft immer wieder eine Frequenz der Hoffnung und kann verhärtete Fronten aufweichen. Dazu gehören Chor- und Instrumentalstücke, Trommelgesänge und Melodien, die Menschen mit der Situation Welt verbinden. In Vorbereitung ist eine Musikschule. Leiter der Musikabteilung in Tamera ist Robert Gasse.

Canto General: Der "große Gesang" während einer Demonstration in San José de Apartadó, geleitet von Robert Gasse

Stipendien-Fonds der Friedensausbildung

Immer mehr Menschen aus Krisengebieten und verarmten Gegenden der Erde möchten an diesem Ausbildungsprogramm teilnehmen. Für diejenigen, die ihre Reise-, Aufenthalts- und Studienkosten nicht selbst tragen können, wurde der Stipendien-Fonds gegründet. Sie sind herzlich willkommen, einen Beitrag zu leisten.

Kontakt: Kate Bunney
klbunney.igf@tamera.org

Schule der Zukunft

Die Schule der Zukunft, geleitet von Dieter Duhm in Kooperation mit Sabine Lichtenfels, ist ein Denk- und Erfahrungszentrum für die Heilung von Mensch und Erde.

"Die derzeitige Globalisierung der Gewalt kann durch eine Globalisierung des Friedens überwunden werden, wenn wir neue geistige Ressourcen erschließen. Der alte Code der Gewalt, der die Geschichte fünf Jahrtausende lang geprägt hat, hat die morphogenetischen Felder für Angst und Misstrauen hervorgebracht und auf der Erde verbreitet. Zu entwickeln ist ein neuer Code, welcher die morphogenetischen Felder für Liebe und Solidarität erzeugt. Das ist die globale Aufgabe."
aus: "Zukunft ohne Krieg" von **Dieter Duhm**

In der Schule der Zukunft soll dieser neue Code erzeugt werden: durch das Studium ungewöhnlicher Gedanken, durch Kunst, existentielle Entscheidungen und heilende Erfahrungen. Hier kommen denkende Menschen zusammen, um Kriege da zu beenden, wo sie tagtäglich neu erzeugt werden: im alltäglichen Zusammenleben. Das Zusammenleben ist kollektiv gestört durch einen so genannten "traumatischen Film", eine Angstwelt, die sich aus den schlimmen Erfahrungen der Geschichte im Unterbewusstsein der Menschheit gebildet hat. Wenn dieses Trauma beispielhaft an einigen Menschen aufgelöst werden kann, entsteht dadurch in allen Teilnehmern der innere Frieden, der sie befähigt, auch im Äußeren Frieden zu schaffen. Die Schule der Zukunft dient im innersten Kern der Auflösung dieses traumatischen Knotens.

Online-Schule der Zukunft

In vielen Ländern möchten Menschen Studiengruppen und neue Gemeinschaften gründen. Sie wollen sich einsetzen für eine Zukunft ohne Krieg und mithelfen, das geistige Feld der Heilung und des Friedens zu stärken. Für sie wurde die "Online-Schule der Zukunft" gegründet.

Sie arbeitet weltweit mit allen Gruppen, die sich ihr anschließen wollen. Alle TeilnehmerInnen studieren in gleichem Rhythmus die gleichen Gedanken und Texte, die einmal im Monat per Internet verschickt werden. So entsteht eine weltweite Kohärenz und ein gemeinsames Wissen.

Das Ziel dieser Internet-Ausbildung ist der Aufbau eines globalen geistigen Feldes für eine Zukunft ohne Krieg, für eine Liebe ohne Eifersucht, für ein neues weibliches Selbstbewusstsein, für eine neue Verständigung der Geschlechter, für das Erlernen von Gemeinschaft, für die Entwicklung einer spirituellen Überlebenskraft, für Autarkie und eine bewusste Kooperation mit der Natur und allen Mitgeschöpfen.

Die Studientexte stehen im Internet zur Verfügung, kostenlos und in mehreren Sprachen. Organisiert wird die Online-Schule der Zukunft durch Monika Berghoff und den Verlag Meiga.

Kontakt:
monika.berghoff@tamera.org

www.verlag-meiga.org

Kapitel V

Globaler Campus

Internationale Ausbildung in Friedensgemeinden und Zukunftsmodellen

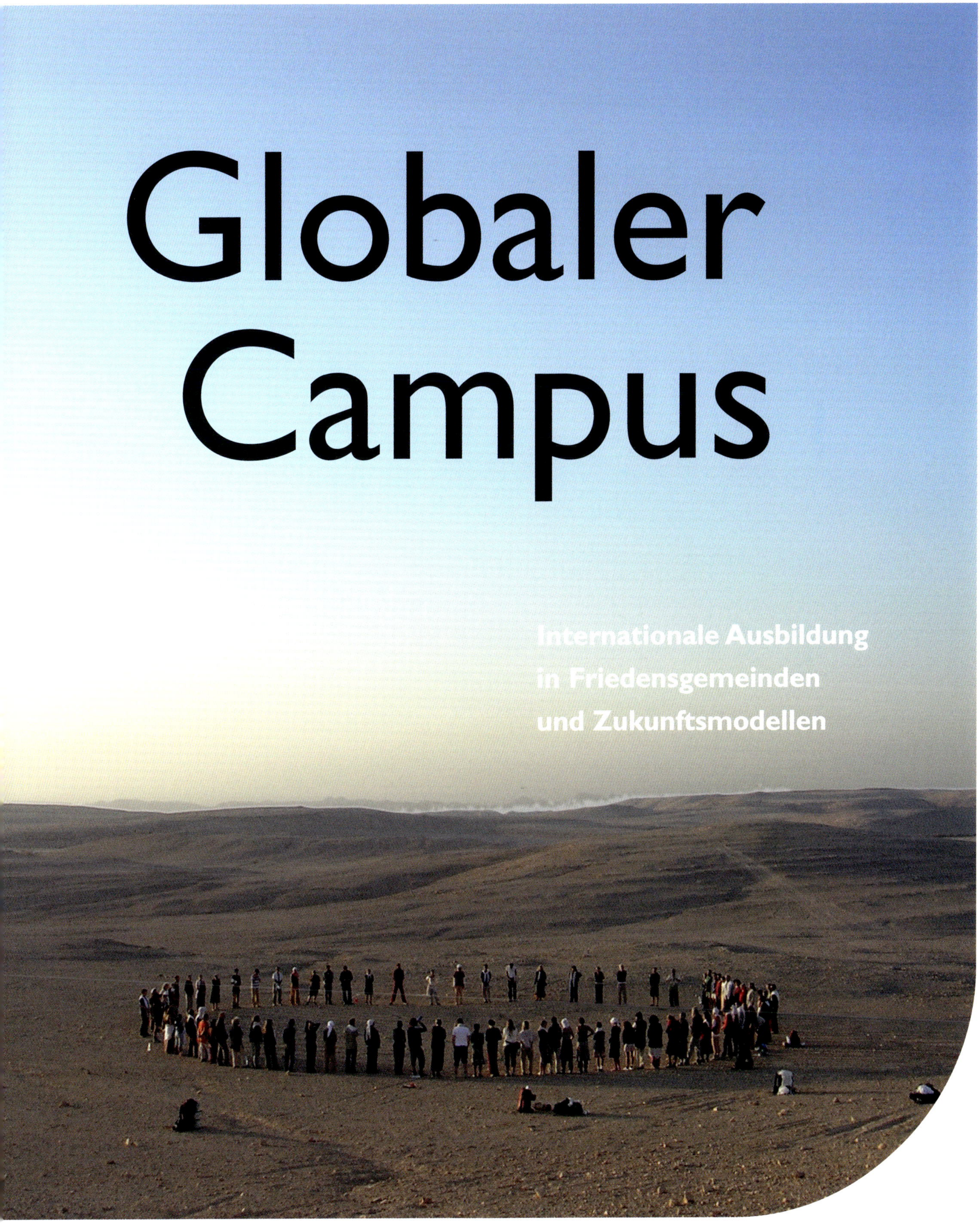

„Eine kleine Gruppe intelligenter Menschen kann die Welt verändern. In der Tat ist dies die einzige Kraft, die jemals eine Veränderung erreicht hat."

Margaret Mead,
Kulturanthropologin, USA

"Wenn soziale Veränderung einmal anfängt, kann sie nicht zurückgenommen werden. Man kann einem Menschen die Fähigkeit zu lesen nicht wegnehmen, wenn er sie einmal gelernt hat. Man kann einen Menschen nicht erniedrigen, wenn er einmal selbstbewusst geworden ist. Man kann einen Menschen nicht unterdrücken, der keine Angst hat. Wir haben die Zukunft gesehen, deshalb gehört sie uns."

César Chávez,
Gewerkschaftsgründer,
USA

"Eine andere Welt ist nicht nur möglich, sie ist auf dem Weg. An stillen Tagen kann ich sie atmen hören."

Arundhati Roy,
Schriftstellerin, Indien

◂ Bild vorhergehende Seite: Während einer Grace-Pilgerschaft durch Israel-Palästina

Eduar Lanchero, Mitglied des Rates von San José de Apartadó, während einer Ausbildung im Rahmen des Globalen Campus

Meike Müller und Sabine Lichtenfels (rechts) empfangen Gäste aus Kolumbien

Der "Globale Campus" verbindet – als Erweiterung der "Monte Cerro Peace Education" – die Friedensausbildung mit dem konkreten Aufbau von Zukunftsmodellen in verschiedenen Regionen der Erde. Er ist ein weltweit vernetztes Ausbildungsprogramm für Friedensberufe und Friedenswissen. Die Ausbildung richtet sich an junge Friedensarbeiter aus aller Welt. Campesinos zwischen den Fronten eines Bürgerkrieges, Indigene, die ihren Wald schützen, Palästinenser und Israelis, die Wege der Versöhnung suchen, sind ebenso angesprochen wie Menschen aus Ländern, in denen derzeit äußerer Friede und Wohlstand bestehen – im Wissen, dass gerade hier ein Umdenken und ein Neuanfang notwendig sind. Die Ausbildung geschieht teilweise in Krisengebieten und direkt dort, wo neue Modelle für die Zukunft entstehen.

Suche nach einer anderen Lebensweise

Lama Jampal aus Dharamsala überreicht Sabine Lichtenfels einen Gebetsschal

Weltweit ist eine Bewegung in Gang: Menschen verlassen ihre bisherigen Lebenswege und Karrieren, in denen sie keinen Sinn mehr sehen. Jugendliche in den Metropolen der Welt treten aus dem Wettrennen der Angst und Konkurrenz aus, sie teilen nicht mehr die Werte der Hochglanzkultur, die zu so viel Not führten. Sie leisten Widerstand gegen die zerstörerischen Großprojekte der Globalisierung. Sie suchen nach einer anderen Lebensweise, anderen Berufen und nach Frieden untereinander und mit der Erde. Sie gründen Treffpunkte und verständigen sich über neue Ziele. In Kriegsgebieten tun sich Bauern und Vertriebene zu Gemeinschaften und Friedensdörfern zusammen, oft unter großem persönlichen Risiko. Sie alle tun das, weil sie ahnen, dass eine andere Welt möglich ist.

All diese Menschen und Gruppen brauchen jetzt Wissen, wie sie ihre Ziele erreichen können. Sie brauchen den Austausch und die Kooperation mit anderen, die an den Grundlagen arbeiten und forschen.

Sie brauchen eine gemeinsame planetarische Perspektive.

Die Universität des Widerstandes – *Universidad de la Resistencia* – aus Kolumbien machte vor einigen Jahren eine Umfrage unter den Bewohnern der Friedensgemeinden im Land. Die Frage hieß: Was ist euer größter Wunsch? Die weitaus überwiegende Antwort war: Dass unsere Kinder es einmal besser haben. Dass sie eine Ausbildung machen und einen Beruf lernen können.

Die Erfüllung dieses verständlichen Wunsches bedeutete – zumindest beim momentanen Stand – das Ende der Friedensdörfer, denn die Jugend müsste weggehen, um Berufe zu lernen. Darum beschlossen die Verantwortlichen der Universidad, eine qualifiziertere Ausbildung für die Friedensdörfer auf die Beine zu stellen. Heute ist die Universidad einer der Kooperationspartner des Globalen Campus.

In der Westbank in Palästina organisieren die Mitarbeiter des Holy Land Trust seit vielen Jahren gewaltfreien Widerstand gegen die israelische Besatzung. Ihr Direktor Sami Awad sagt: "Bei alldem ist unsere dringendste Frage nicht, wie wir die Besatzung beenden, sondern: Wie sieht ein demokratisches, gewaltfreies, ökologisches und freies Leben nach der Besatzung aus? Wir brauchen nicht nur gewaltfreien Widerstand, sondern die Vision von einem gewaltfreien Leben, damit wir nicht nur gegen etwas kämpfen, sondern etwas haben, für das wir uns einsetzen. In dieser Frage suchen wir die Zusammenarbeit mit Tamera und dem Globalen Campus."

In Dharamsala warten Exil-Tibeter seit Jahrzehnten auf das Ende der chinesischen Besatzung Tibets. Sie informieren die Welt über die Situation Tibets und koordinieren den gewaltfreien Widerstand. Einige Menschen möchten in ihrem Gastland Indien autarke Modellsiedlungen aufbauen. Damit wollen sie demonstrieren, wie eine friedliche, demokratische, ökologische Neubesiedlung von Tibet möglich wäre. Immer wieder kommen Tibeter nach Tamera, um hier zu lernen.

Dies sind drei Beispiele aus drei Kontinenten. Überall gibt es junge Menschen, die das Friedenswissen zum Aufbau autarker Modelle suchen und brauchen. Viele von ihnen empfinden Tamera als den richtigen Ort, um zusammenzukommen, sich auszutauschen und zu lernen: ein Ort in einem Land, wo man die Angst vor Verfolgung und Not für eine Weile hinter sich lassen kann. Doch das reicht nicht. Die Ausbildung muss auch dort stattfinden, wo die neuen Zentren entstehen.

Bereits während der ersten von Sabine Lichtenfels initiierten Grace-Pilgerschaft 2005 war der Plan einer international vernetzten Friedensausbildung entstanden. Dafür wurden zur Tamera-Sommeruniversität 2006 verschiedene Lehrer und Friedensinitiativen eingeladen. So saß dort eine folgenreiche Runde zusammen: Benjamin von Mendelssohn, Barbara Kovats, Kate Bunney, Vera Kleinhammes aus Tamera trafen sich mit Sami Awad, Lehrer für Gewaltfreiheit in Bethlehem/Palästina, Gildardo Tuberquia vom Friedensdorf San José de Apartadó aus Kolumbien, Arun Gandhi, Enkel von Mahatma Gandhi, Srinivasan Soundara Rajan, Vertreter des Barefootcolleges in Rajasthan/Indien, Vassamalli Kurtaz vom Stamm der Todas in Indien und Reuven Moskovitz aus Israel. Sie formulierten ihren Wunsch, ihre Kräfte und ihr

Das IGF – Institut für Globale Friedensarbeit

Frauenbegegnung im Steinkreis von Tamera: Sarah Vollmer, Vassamalli Kurtaz und Sabine Lichtenfels

Benjamin von Mendelssohn, Koordinator des IGF

Wissen zu vernetzen und eine globale Ausbildungsinitiative zu starten. Sie nannten sie: Globaler Campus. Das Besondere an dem Plan war, dass die Ausbildung verbunden wird mit dem konkreten Aufbau neuer Modelle für die Zukunft auch an anderen Orten der Erde. Auf diese Weise wird nach und nach ein verbindliches Netzwerk von planetarischen Zentren für den Frieden entstehen.

Sie formulierten zwei Punkte, denen eine Initiative zustimmen solle, um eine Station des Globalen Campus zu werden. Erstens: Die Veränderung der Welt geschieht über den Aufbau von Zukunftsmodellen. Und zweitens: Die Basis dieser Modelle sind Gemeinschaften auf der Grundlage von Vertrauen und Transparenz.

Die ersten Stationen der Ausbildung waren das Tent of Nations in Palästina, das Friedensdorf San José de Apartadó in Kolumbien und Tamera. Weitere sind in Vorbereitung. Gruppen, Netzwerke und Gemeinschaften, die Interesse an einer Beteiligung haben, sind herzlich eingeladen, sich zu melden.

Lehrer des Globalen Campus sind Dieter Duhm, Sabine Lichtenfels, Jürgen Kleinwächter, Sepp Holzer, Sami Awad und andere.

Philip Munyasia aus Kenia, Gründer des Zentrums OTEPIC für biologische Landwirtschaft, während seiner Ausbildung in Tamera

Das "Institut für Globale Friedensarbeit" (IGF) in Tamera ist ein zentrales Organ für die globale Netzwerkbildung. Hier werden Gedanken, Konzepte und Kontakte für den Aufbau eines weltweiten Friedensnetzwerkes entwickelt und das Wissen gesammelt für eine Zukunft ohne Krieg. Grundlage für die Kooperation ist die von Dieter Duhm formulierte „Theorie der globalen Heilung“. Eine wichtige Aufgabe des IGF ist es, die Entstehung weiterer Friedensdörfer weltweit zu unterstützen.

Benjamin von Mendelssohn, Koordinator des IGF: „Ich vertraue darauf: Wo immer sich das Mitgefühl unserer Herzen verbinden kann mit einem realistischen Heilungskonzept für diesen Planeten, sind wir einen Schritt weiter auf unserem Weg zu einer neuen Menschheit. Zu einer Menschheit mit einem globalen Herzen und einem selbstverständlichen Engagement für diese Erde, für alle ihre Bewohner und ihre natürlichen Ressourcen.“

Das IGF erhebt seine Stimme gegen das System der Gewalt und beteiligt sich an politischen Aktionen und Hilfseinsätzen in Krisengebieten. Es verbreitet Nachrichten des Friedens mit Hilfe von Wort, Kunst und Musik. Es hilft mit, ein geistiges Dach aufzuspannen, unter dem sich die verschiedensten Initiativen, Wissenschaftler, Friedensaktivisten, Umweltschützer, Menschenrechtler, Künstler und Jugendlichen zusammenschließen und eine gemeinsame Perspektive entwickeln können.

Das IGF arbeitet eng zusammen mit der „Schule der Zukunft“ und der Jugendschule „Globales Lernen“ und hilft mit, dass sich für junge Menschen neue Berufsperspektiven eröffnen, mit denen sie dem Frieden dienen können. Das IGF ist Schirmherr der jährlichen Sommeruniversität in Tamera, die eine hervorragende Möglichkeit bietet, die Gedanken, Projekte und das internationale Netzwerk kennenzulernen.

EINIGE KOOPERATIONS-PARTNER DES IGF

San **José de Apartadó** ist eine Friedensgemeinde in Kolumbien. 1300 Bauern und Flüchtlinge in Urabá, der gewaltreichsten Region des Landes, schlossen sich 1996 zusammen und gründeten eine neutrale Gemeinde zwischen den Fronten des Bürgerkrieges; sie dulden in ihrem Dorf keine Waffen, keinen Alkohol oder Drogen und keine Kooperation mit bewaffneten Gruppierungen. Dennoch wurden fast 200 ihrer Mitglieder im Laufe der Jahre von Paramilitär, Guerilla und Soldaten umgebracht. Die Friedensgemeinde bekommt weltweite Anerkennung, im Jahr 2007 wurde ihr der Aachener Friedenspreis verliehen, doch im eigenen Land werden ihre Mitglieder verfolgt und verleumdet. Tamera und das Friedensdorf verbindet seit vielen Jahren eine enge Freundschaft. Viele gegenseitige Besuche, mehrere Ausbildungseinheiten des Globalen Campus und Friedenspilgerschaften im Namen von Grace fanden statt.
www.sos-sanjose.org

Das **Tent of Nations** ist ein wichtiger Treffpunkt in der Westbank, Palästina. Hier begegnen sich Israelis und Palästinenser, hierher kommen Kinder aus Flüchtlingslagern, um die Natur kennenzulernen, hier werden ökologische Alternativen ausprobiert. Daoud Nassar, der Besitzer, muss immer wieder um den Erhalt des Platzes kämpfen. Obwohl das Land seit Generationen seiner Familie gehört, versucht die israelische Besatzung, das Land zu enteignen. Und während ringsum moderne israelische Siedlungen entstehen, erhält er noch nicht einmal Baugenehmigungen für eine Zisterne.
www.tentofnations.org

Padre Javier Giraldo. Der Jesuitenpater ist ein Anwalt der Menschenrechte in Bogotá und setzt sich seit Jahrzehnten für die Armen und Verfolgten in Kolumbien ein. Unter größter persönlicher Bedrohung unterstützt und berät er das Friedensdorf San José de Apartadó bei seinem gewaltfreien Kampf ums Überleben. Er ist ein echter Vertreter der Kirche der Armen. Seine Gottesdienste vermitteln das Wort Gottes, wie es aus Flüchtlingen, Indianern, Campesinos spricht – und aus Jesus Christus, dem Revolutionär. Unermüdlich erhebt er die Stimme der Gerechtigkeit – und die Bereitschaft zur Versöhnung.

GEN – **Global Ecovillage Network** – ist ein weltweites Netzwerk von Ökodörfern, Gemeinschaften, so genannten „Transition Towns" und Einzelpersonen, die Stützpunkte für eine nachhaltige Lebensweise aufbauen wollen. Durch Ausbildung und Vernetzung zwischen Initiativen aus reichen Ländern und aus Entwicklungsländern arbeitet GEN daran, den Traum von einem naturnahen Leben in Gemeinschaft mit politischem Verwirklichungswillen und Wissen zu verbinden: soziales Wissen, Wissen über einfache Energietechnologie, Architektur und ökologische Anbauweise. Das Ziel von GEN ist, die Gründung von nachhaltigen Siedlungen in allen Kontinenten zu unterstützen.
gen.ecovillage.org

In **New Mexico** hütet eine Gruppe von indianischen Schamanen einen spirituellen Visionsplatz für die Versöhnung und den Kontakt mit Mutter Erde. Sie lehren Menschen weltweit, das „Feuer der 1000 Berge" zu hüten, das viermal im Jahr an vielen verschiedenen Plätzen der Erde entzündet wird: am 21. März, am 21. Juni, am 21. September und am 21. Dezember. Es ist ein Feuer der globalen Einheit und der Freundschaft mit Patcha Mama: Mutter Erde.

Gloria Cuartas, Kolumbien, wurde von der Unesco als „Bürgermeisterin des Friedens“ ausgezeichnet und ist seit vielen Jahren eine enge Freundin und Kooperationspartnerin von Tamera. Unerschrocken trotz aller Bedrohung setzt sie sich für Frieden und Demokratie in ihrem Land ein. Als Bürgermeisterin in der damals heftig umkämpften Stadt Apartadó versuchte sie, die Frauen und die Kinder zu ermächtigen, das zivile Leben wieder in Gang zu setzen und einen Dialog zwischen den Gewaltparteien zu etablieren. Doch die Gewaltstrukturen saßen zu tief, als dass es gelingen konnte. Sie unterstützt und schützt heute die Bildung von Friedensdörfern und ist regelmäßig Parlaments-Kandidatin für die Linke ihres Landes.

Favela da Paz - Zukunftsmusik aus São Paulo, Brasilien. Die Band „*Poesia Samba Soul*“ holt seit 20 Jahren Kinder und Jugendliche von der Straße und zeigt ihnen eine Alternative zu Gewalt und Drogen. Claudio Miranda gründete sie mit 13 Jahren. „Viele meiner Freunde leben nicht mehr. Ich suche nach etwas Attraktiverem als die Gewalt, damit die Jugendlichen nicht mehr mitmachen bei dem Drogenkrieg“, sagt er. Er kommt aus Jardim Ângela, einer der *Favelas* (Slums) von São Paulo, die von der UNO in den 90er Jahren als einer der brutalsten Stadtteile der Welt bezeichnet wurde. Mit seinem Plan, eine Favela des Friedens zu gründen, kam er mit seiner ganzen Band für drei Monate nach Tamera, um zu studieren.

www.bandapoesiasambasoul.com.br

Der **Holy Land Trust**, Bethlehem: Gegründet von Sami Awad, lehrt und organisiert diese Initiative gewaltfreien Widerstand gegen die Besatzung. Was sie dabei leitet, ist das Beispiel von Mahatma Gandhi. Sie unterrichten Gruppen und ganze Dörfer aus der Westbank in Wegen des gewaltfreien Widerstandes. Über den Widerstand hinaus suchen sie nach Perspektiven und Visionen eines gewaltfreien, ökologischen und demokratischen Lebens nach der Besatzung.

www.holylandtrust.org

Das **Barefoot-College** in Tilonia, Indien, lehrt Dorfbewohner ökologische Überlebenstechniken wie Solarenergienutzung und Regenwasser-Harvesting. Ihr Programm richtet sich an die Ärmsten der Armen, an Analphabeten und vor allem an Frauen. Teilnehmen darf, wer sich verpflichtet, das Wissen nachher in seinem Dorf weiter zu vermitteln. Sogar aus Afrika und Südamerika reisen Dorfvertreter an, um hier zu lernen. Außerdem gründete das Barefoot-College Hunderte von Nachtschulen, um den vieen Kindern eine Ausbildung zu ermöglichen, die tagsüber keine Zeit für die Schule haben.

www.barefootcollege.org

LERNEN, WAS ES HEISSEN KÖNNTE, MENSCH ZU SEIN

Aus einem Brief von Sami Awad, Lehrer für Gewaltfreiheit, Bethlehem

Wir alle suchen Frieden, wir alle suchen Gerechtigkeit, wir alle suchen Freiheit. Als Palästinenser, der schon sein ganzes Leben lang unter militärischer Besatzung lebt, engagiere ich mich seit vielen Jahren für Frieden und Gewaltfreiheit. Ich habe viele wunderbare Menschen getroffen, viele, die für den Frieden arbeiten, einige, die Frieden suchen, andere, die Frieden propagieren. Es ist allerdings sehr selten, Menschen zu finden, die entschlossen sind, Frieden zu leben. Vor einigen Jahren hatte ich das Privileg und die Ehre, einige davon zu treffen, die den Traum aufrichtig leben, trotz aller Herausforderungen, die unsere Welt mit sich bringt.

Tamera ist für mich ein Beispiel dafür, wie die Welt eigentlich sein sollte. Es ist ein Ort, um zu lernen, was es heißen könnte, Mensch zu sein. Es ist ein Ort, an dem die Kraft entdeckt werden kann, die in jedem von uns schlummert. Es ist ein Ort, wo wir das sein können, wonach wir uns alle sehnen.

Als palästinensischer Aktivist bin ich stolz darauf, dass Tamera sich nicht isoliert und vor den Problemen dieser Welt davonläuft, sondern als Gemeinschaft entschlossen ist, den Schmerz zu heilen, den wir uns als Menschheit fast gewohnheitsmäßig zufügen im Namen von Gier, Hass und Diskriminierung. Das Engagement der Tamera-Gemeinschaft in Palästina, Israel, Kolumbien, Indien und in vielen anderen Orten ist für mich ein echtes Licht der Hoffnung für eine bessere Zukunft für die ganze Menschheit.

Ihr ermutigt durch Gewaltfreiheit. Das Konzept der Gewaltfreiheit bedeutet für mich nur eines: Ermächtigung. Ihr ermächtigt die Menschen, sich aktiv einzubringen, die richtigen Entscheidungen für ihr Leben zu treffen und die richtigen Schritte zu machen, um sich aus den Schwierigkeiten und Problemen, in denen sie leben, zu befreien. Das Anliegen des Holy Land Trust als Organisation ist nicht nur der Widerstand gegen die Besatzung. Es ist sehr wichtig für uns, die Frage zu stellen, was nach

„Ohne Vergebung gibt es keine Zukunft.“

Desmond Tutu,
Initiator der Wahrheits- und Versöhnungskomission von Südafrika

der Besatzung kommt. Glaubt mir, das Ende der Besatzung wird nicht automatisch Demokratie bringen. Was danach kommt, könnte noch schwieriger werden. Wir als Volk müssen jetzt anfangen, uns über Visionen für eine demokratische Nation Gedanken zu machen.

Ich stehe auf der Seite der Unterstützung für alle, die Frieden suchen, und ich stehe mit großem Respekt, mit Bewunderung und Demut vor denen, die Frieden wirklich leben. Je größer die Schwierigkeiten sind, vor denen wir stehen, um so mehr müssen wir wahrnehmen, dass wir bereits dabei sind, die Welt zu verändern.

Seid gesegnet, ermutigt und sogar freudig angesichts jeder Schwierigkeit.

Möge Gott euch und eure Arbeit segnen und möge euer Licht nie aufhören zu scheinen.

Pause während einer Grace-Pilgerschaft

Palästinensische Kinder beim Blick über die Mauer auf die andere Seite: eine israelische Siedlung im Westjordanland.

DAS LEBEN RESPEKTIEREN

Auszug einer freien Rede von Eduar Lanchero, Mitglied des Rates von San José de Apartadó

Friedensgebet während der Pilgerschaft 2008

Am 23. März 1997 erklärten sich die Bewohner von 32 Weilern um das Dorf San José de Apartadó zu einer Friedensgemeinde. Es war die Zeit, als das Paramilitär kam, um die Bauern vom Land zu vertreiben und die Guerilla zu bekämpfen. Die Idee, mit der die Gemeinschaft entstand, hieß: Wie kann das Leben respektiert werden, inmitten dieses Krieges, dieses ständigen Kämpfens?

Das war es, was die Menschen inspirierte, sich zusammenzuschließen.

Wir mussten neutral werden, weil die immerwährende Logik der Regierung und der Guerilla ist, dass du entweder auf ihrer Seite bist oder ein Feind. Die Friedensgemeinde war die erste Initiative in diesem Land, die forderte, das Leben zu respektieren, und die den bewaffneten Gruppen ihren Wunsch mitteilte, zu keiner ihrer Seiten zu gehören.

Wir mussten uns mit fundamentalen Themen beschäftigen. Auf der einen Seite sagen wir mit unserer Existenz den bewaffneten Gruppen: „Wir sind gegen den Tod, den ihr bringt, und wir wollen, dass ihr aufhört zu töten."

Auf der anderen Seite sind die bewaffneten Gruppen nicht die Einzigen, die töten. Es ist die ganze Logik hinter dem System. Die Art, wie die Menschen leben, erzeugt diesen Tod. Deshalb entschieden wir, dass wir so leben müssen, dass unser Leben Leben erzeugt. Wir begannen, die Gesellschaft zu analysieren, die den Paramilitarismus hervorgebracht hatte. Und wir begannen, dagegen Widerstand zu leisten.

Einer der Aspekte, die man verändern musste, war die Art des Landbesitzes. Land muss kollektiver Besitz sein, und es muss kollektiv bewirtschaftet und gepflegt werden. Allein auf den Feldern können die Bauern leicht eingeschüchtert werden. Und wenn sie Angst haben, kann man sie ausbeuten. Deshalb müssen wir gemeinschaftlich arbeiten.

Ein anderer Aspekt ist die Wahrheit: Die bewaffneten Gruppen und die Regierung haben die ganze Zeit gelogen. Also beschlossen wir, ehrlich und transparent zu sein und die Wahrheit zu sagen, egal zu was für Konsequenzen das führte.

Wir kamen zu dem Schluss, dass das wichtigste Element die Suche nach Gerechtigkeit ist. Wir erwarteten aber keine Gerechtigkeit vom Staat, dessen Regierung die Logik des Todes verfolgt. So begannen wir, die Solidarität mit anderen zu suchen, die Partnerschaft mit anderen. Partnerschaft bedeutet, zusammen zu gehen, auf dem gleichen Weg zu sein. Zusammen können wir Gerechtigkeit erreichen, zusammen können wir eine friedliche Welt aufbauen, eine Welt des Lebens, nicht des Todes. Das bedeutet, nicht nur den Krieg zu beenden, sondern auch die Bedingungen zu beenden, in denen er immer aufs Neue erzeugt wird.

Die andere grundlegende Bedingung, die uns am Leben hielt, war, nicht das Spiel der Angst mitzuspielen, das die bewaffneten Gruppen uns durch ihre Morde aufzwingen wollte. Wir begannen zu verstehen, dass durch eine andere Lebensweise auch der Tod eine andere Bedeutung bekäme. Der Tod würde sich vor dem Leben verbeugen.

Die Erinnerung an all die, die hier ermordet wurden, ist nicht tot. Die Toten sind lebendig hier mit uns. Das hilft uns, die Angst vor dem Tod zu überwinden, vor dem Schrecken, den die bewaffneten Gruppen hier verbreiten. Unsere Leben sind verbunden zu einem größeren Leben, dem Leben der Menschheit. Wir sind hier und werden immer hier sein, auch wenn sie uns vernichten. Denn Vernichtung ist ihre Logik, nicht unsere. Darum ist Erinnerung so wichtig für uns.

So begann die Geschichte unserer Gemeinschaft, mit vielen Irrwegen und Unvollständigkeiten. Aber wir haben eine Wahl getroffen. Unsere Wahl ist das Leben. Und das Leben korrigiert und leitet uns.

Das Friedensdorf San José de Apartadó
▸ www.sos-sanjose.org

Eduar Lanchero in Tamera

Sabine Lichtenfels in Gespräch mit einem General der kolumbiuanischen Armee während einer Demonstration in Apartadó

Vertreter von Tamera, der Nasa-Indianer und der Friedensgemeinde

Andrea Regelmann, Mitarbeiterin von Tamera, begleitet die Friedensgemeinde seit vielen Jahren.

PILGERSCHAFTEN IM NAMEN VON GRACE MIT SABINE LICHTENFELS

Aufgerüttelt durch den drohenden Krieg gegen den Iran begab sich Sabine Lichtenfels 2005 auf eine Pilgerschaft durch Europa und den Nahen Osten. Unter dem Motto: „Ein Friedensdorf statt eines Panzers" suchte sie Geldgeber, die bereit waren, in den Frieden zu investieren. Sie nannte dies die „Humanisierung des Geldes".

Sie ging ohne Geld, aß, was man ihr gab, schlief, wo man ihr ein Bett gab, oder unter freiem Himmel, und ging überall hin, wo man sie einlud, um über ihren Friedensplan zu sprechen. In Israel und Palästina führte sie eine Gruppe von mehr als 80 internationalen Friedensarbeitern, viele davon aus Israel und Palästina, durch beide Seiten des Landes.

Für die meisten Israelis war es das erste Mal, das Land hinter der Mauer zu sehen. Palästinenser sahen zum ersten Mal Israelis ohne Uniform und hießen sie in ihrem Haus willkommen. Die Pilger besuchten Militärstationen, schliefen in Flüchtlingslagern und teilten ihr Brot mit Menschen, denen alles genommen worden war. Man sprach mit Siedlern, besuchte Gedenkstätten des Holocaust – immer mit dem Wissen: „Der andere, das könnte ich sein". Türen öffneten sich, die fest verschlossen geglaubt waren. Mauern aus Angst und Feindschaft wurden überwunden. Man lernte den Konflikt von vielen verschiedenen Seiten kennen und immer tiefer verstehen.

Immer wieder hatten sie gehört: Zu Fuß durch die Westbank? Das ist nicht möglich. Mit Israelis auf die andere Seite der Mauer? Das geht nicht, ihr seid naiv. Palästinenser, die ehemalige Siedler und Soldaten Israels in ihrem Haus willkommen heißen? Nein. Doch es gelang. So wurde die bewusst gewählte Naivität zu einer Kraft, die Neues möglich machte. In Wirklichkeit ist es eine große Glaubenskraft an eine andere, kommende Welt.

Sabine Lichtenfels schrieb über ihre erste Pilgerschaft das Buch „Grace – Pilgerschaft für eine Zukunft ohne Krieg". Die Filmemacherin Angelika Reicherter drehte den Film „Wir weigern uns, Feinde zu sein." Ein weiteres Ergebnis der ersten Pilgerschaft war die Idee des Globalen Campus.

Seit 2005 leitet Sabine Lichtenfels jedes Jahr eine Friedenspilgerschaft im Namen von Grace: in Israel-Palästina, in Kolumbien und 2009 erstmals in Europa: in Portugal. Für die meisten Teilnehmer sind die Pilgerschaften eine Erfahrung, die ihr Leben verändert.

Hier finden Sie Berichte über die Pilgerschaften und weitere Informationen:

Grace Pilgrimage Website
www.grace-pilgrimage.org/de

Sabine Lichtenfels im Gespräch mit israelischen Militärvertretern in Palästina

Auf der Suche nach einem Namen für die Pilgerschaft stießen wir auf den Namen GRACE. GRACE hat viele Bedeutungen und umfasst mehr als das Wort Gnade im Deutschen.

GRACE: Gnade, Gunst, Anmut, Charme, Bereitwilligkeit, Entgegenkommen, Nachsicht, Grazie. Grace bezeichnet auch den Akt der Gnade selbst.

GRACE erinnert mich daran, dass ich im Dienste einer höheren Sache unterwegs bin, im Dienst des Lebens und seiner Gerechtigkeit. Diejenigen, die im Namen von GRACE unterwegs sind, kommen nicht, um zu richten. Sie kommen nicht, um dem Land oder dem Ort oder den Menschen neue Ideologien überzustülpen, sondern sie kommen im Dienst der Öffnung, der Wahrnehmung und Unterstützung. GRACE bringt eine Verpflichtung mit sich, den Krieg nicht zu schüren, sondern zu beenden, wo immer du bist. Im Namen von GRACE bin ich immer auf der Suche nach einer gewaltfreien Lösung: einer Lösung, die Gerechtigkeit und Heilung schafft und allen Beteiligten dient. Dazu ist niemals Verurteilung, manchmal aber ein klares Urteil nötig.

*Aus dem Buch **„Grace – Pilgerschaft für eine Zukunft ohne Krieg"** von **Sabine Lichtenfels***

Sabine Lichtenfels´ Website
www.sabine-lichtenfels.com

2009: Pilgerschaft in Portugal

2007: Im Namen von Grace 300 km durch die Wüste und die Westbank

Die Grace-Stiftung

Die Grace-Stiftung wurde 2007 von Sabine Lichtenfels und einigen anderen engagierten Personen in der Schweiz gegründet, um die Freidensaktivitäten von Sabine Lichtenfels und den Aufbau des Globalen Campus finanziell zu unterstützen.

Sabine Lichtenfels schreibt dazu:
„Das Motto der Stiftung lautet: Humanisierung des Geldes – ein Friedensdorf statt eines Panzers. Denn so viel wissen wir heute: Wenn nicht wenigstens ein Teil des Geldes, das bis jetzt für Kriegsforschung ausgegeben wurde, in die Friedensforschung investiert wird, bleibt Friede eine Illusion. Schon das Geld für einen einzigen Panzer kann die Basisbaukosten eines ganzen Friedensforschungsdorfes decken.

Heute arbeiten weltweit Einzelpersonen und Initiativen an innovativen Technologien, lehren gewaltfreien Widerstand, bauen neue soziale Lebensformen auf und authentische Formen der Spiritualität – alles Elemente, die zu einem tieferen Verständnis von Frieden führen. Das Ziel der Grace-Stiftung ist es, diese Initiativen, Vordenker und Akteure zusammenzubringen und gemeinsam eine neue Perspektive aufzubauen.

Bitte unterstützen Sie uns dabei. Sie können dies tun, indem Sie selbst einen finanziellen Beitrag leisten und auch, indem Sie die Information darüber weitergeben."

Die Grace-Stiftung
▸ www.the-grace-foundation.org

Global Grace Day

Der 9. November ist der Jahrestag des Mauerfalls von Berlin 1989 und der Reichspogromnacht 1938. Seit 2005 begeht Sabine Lichtenfels an diesem Tag den Global Grace Day, und weltweit beteiligen sich viele Gruppen, Initiativen und Einzelpersonen an der Meditation. Es ist ein Tag der Erinnerung, der Versöhnung und globalen Friedensarbeit.

Global Grace Day Website
▸ www.global-grace-day.com

Ring der Kraft

Im April 2002 initiierte Sabine Lichtenfels den Ring der Kraft. Verbunden mit einer täglichen Meditation zu Sonnenaufgang schickt sie per E-Mail jeden Montag einen Brief und einen Krafttext an ein wachsendes internationales Netzwerk. Der Ring der Kraft geht inzwischen in vier Sprachen in mehr als zwanzig Länder. Es entsteht ein weltweiter Ring der Verbundenheit, Solidarität und gegenseitigen Hilfe über alle Grenzen hinweg.

Wenn Sie am Ring der Kraft teilnehmen möchten, senden Sie bitte ein E-Mail an:
ring-der-kraft@sabine-lichtenfels.com

Ring der Kraft
▸ ring-der-kraft@sabine-lichtenfels.com

GLOBAL GRACE DAY 9. November

Aus einer Meditation von Sabine Lichtenfels

Wo Schmerz war, soll Heilung erwachen.
Wo Wut war, soll verändernde Kraft entstehen.
Wo Angst war, sollen Schutz und Vertrauen wachsen.
Wo Feindschaft war, soll das große Erwachen der gegenseitigen Anteilnahme beginnen.
Wo Unterdrückung geschah, soll die große Freiheit einziehen.
Wo Völkertrennung geschah, soll die Anteilnahme an diesem Planeten Erde zu einer gemeinsamen verantwortlichen Schau führen.
Wir sind gekommen, um zu erinnern.
Wenn wir wollen, dass dieser Planet Erde überlebt,
müssen alle Mauern der Trennung fallen: die Mauern zwischen Völkern,
zwischen Israel und Palästina, zwischen Europa und Afrika,
zwischen der sogenannten Ersten und Dritten Welt.
Und ebenso die Mauern, die wir im eigenen Inneren errichtet haben,
die Mauern zwischen den Geschlechtern und die Mauern zwischen Menschen und aller Kreatur.

Mögen alle Vertriebenen Heimat finden.
Möge die reine indigene Weisheit und Quelle Anerkennung und Achtung finden.
Wir sind gekommen, um an die ursprüngliche Schönheit und Wahrheit
des Lebens zu erinnern: Alles Leben hat ein Recht auf Freiheit und Entfaltung,
ein Recht auf Liebe, auf Wahrheit und Vertrauen.
Lasst uns Beispiele setzen für die Überwindung der Gewalt, wo immer wir sind.
Lasst uns so für das Leben und die Liebe eintreten,
dass die Angst verschwinden kann von dieser Erde.
Lasst uns weltweit einen Ring der Kraft bilden für den Schutz aller Kreatur.
Im Namen all derer, die ihr Leben lassen mussten,
im Namen der Gerechtigkeit und der Wahrheit,
im Namen für alles, was Haut und Fell hat, im Namen aller Kreatur.
Im Namen von GRACE und der Bewegung für eine freie Erde.
Dieses oder etwas Besseres möge geschehen.
Danke und Amen.

Grace-Pilgerschaft durch die
Arava-Wüste in Israel-Palästina

Kapitel VI

Leben

in Tamera

Aus tiefem Zuhören entsteht gegenseitige Anteilnahme - der Schlüssel für Gemeinschaft, auch unter den Gästen von Tamera.

SOZIALE NACHHALTIGKEIT DURCH GEMEINSCHAFT

Ein Modell der Zukunft braucht nicht nur eine neue Technologie und eine funktionierende Ökologie, sondern es braucht die Menschen, die gemeinsam darin leben und sie sinnvoll bedienen können. Es braucht Menschen, die gelernt haben, bei Konflikten nicht auseinander zu gehen, sondern sie gewaltfrei und kreativ zu lösen. Die auch bei Engpässen und Schwierigkeiten ihre Grundsolidarität nicht in Frage stellen. Gemeinschaftswissen ist die Basis für soziale Nachhaltigkeit.

Für eine Friedenskultur der Zukunft braucht es Menschen, die gelernt haben, bei Konflikten nicht auseinander zu gehen, sondern sie zu lösen: Gruppensituation in der Aula.

Der Aufbau von Tamera beruht auf der Herausbildung einer stabilen Trägergemeinschaft, deren Mitglieder sich aufeinander verlassen können. In Tamera zu leben und zu arbeiten bedeutet, sich für ein fortlaufendes Studium, intensive Teilnahme am Gemeinschaftsleben und innere Friedensarbeit zu entscheiden.

Gemeinschaft, das heißt: Wahrheit untereinander, gegenseitige Unterstützung, Anteilnahme.

Gemeinschaft umfasst das Zusammenleben von Alt und Jung, es umfasst die Verständigung über die Liebe zwischen Männern und Frauen, Wissen über Konfliktlösung und über das richtige Verständnis von Individualität und Gemeinschaft. Solche Gemeinschaften bilden die menschliche Basis einer wirksamen Friedenskraft.

Ob es uns gelingt, eine gewaltfreie Kultur aufzubauen, wird im Wesentlichen auch davon abhängen, ob es gelingt, den Krieg zwischen den Geschlechtern zu beenden. Liebe ohne Eifersucht, Sexualität ohne Angst, eine Treue, die nicht zerbricht, wenn man auch andere liebt und begehrt, Wahrheit und Dauer in der Liebe und neue Wege der Partnerschaft – das sind in groben Zügen die Themen in der „Gemeinschaftsschule“ von Tamera.

Nicht nur Menschen gehören zu einer Gemeinschaft, sondern auch Tiere, Pflanzen, alle Mitgeschöpfe. In Kooperation mit der Natur – das ist kein Schlagwort, sondern eine reale Quelle von unerschöpflichem Wissen, Freundschaft und Seelenqualität des Lebens. Wenn wir den Weg der Kooperation mit der Natur gehen, werden wir eines Tages feststellen, dass ein Wort wie Paradies nicht mehr nur ein religiöser Begriff ist. Es ist vielmehr ein Auftrag für unser Leben, Handeln und Schaffen.

„Friedensprozesse sind immer Gemeinschaftsprozesse.“
Johan Galtung,
Friedensforscher aus Norwegen

„Es braucht ein ganzes Dorf, um ein Kind aufzuziehen.“
Afrikanisches Sprichwort

„Individualität entfaltet sich nur in Verbindung mit dem Ganzen.“
David Bohm, *Physiker*

GEMEINSCHAFT ALS FORSCHUNGSTHEMA

von Dieter Duhm

Elemente der Gemeinschaftsbildung: Ritual bei der Einweihung eines neuen Steins im Steinkreis von Tamera ...

... Studium bei der Gemeinschaftsausbildung ...

... Teilen und Anteilnahme bei einer Pilgerschaft durch Tamera

Die heute anstehenden Aufgaben werden nur auf der Basis einer menschlich gut funktionierenden Gemeinschaft durchgeführt werden können. Zu viele Gemeinschaftsprojekte sind seit den Sechziger Jahren infolge ungelöster menschlicher Konflikte gescheitert, als dass wir hier noch naiv bleiben könnten. Wenn wir einen nachhaltigen ökologischen Humanismus verwirklichen wollen, müssen wir einen menschlichen und sozialen Humanismus finden, welcher die Teilnehmer/innen von den Altlasten und Schmerzen der Vergangenheit erlöst.

Nicht nur in der äußeren Welt, sondern auch in uns selbst liegen die Schwierigkeiten, die einem weltweiten Heilungsvorgang im Wege stehen. Vor allem die Konfliktfelder um Geld, Macht, Liebe und Sex bilden innere Barrieren, die durch bloße Friedensappelle nicht zu überwinden sind. Im alltäglichen Zusammenleben sind es oft ganz einfach anmutende Faktoren wie unerfülltes Kontaktbedürfnis, Dominanzstreben, Konkurrenz um Liebe und Sex, Eifersucht, unbewusste Negativprojektionen, Angst vor Verurteilung etc., welche in Hunderten von Projekten seit den Sechziger Jahren das Gruppenleben von innen her zerstört haben. Da es sich aber bei diesen Faktoren nicht nur um individuelle Schädigungen, sondern vor allem um die Folgen einer kollektiven Kulturkrankheit handelt, können sie auch nicht auf individueller Ebene nachhaltig aufgelöst werden.

Wir alle tragen den Urschmerz einer großen Verletzung in uns. Wir alle sind Opfer und Täter gewesen und haben im Laufe unserer karmischen Lebensreise viele Wunden erhalten. Heilungsarbeit in dem gemeinten Sinn bedeutet, diese Wunden bei sich und anderen zu heilen. Das ist der Auftrag, und das ist auch die Verheißung, die uns mit der göttlichen Parabel zugesagt worden ist: Ihr sollt und ihr könnt die alten Wunden heilen. Die Wegweiser dafür heißen: Wahrheit – gegenseitige Unterstützung – Verantwortung für die Gemeinschaft und Dienst am Leben. Und außerdem: Helft anderen, so wird auch euch geholfen.

Ein tieferer Begriff der Nachhaltigkeit

Wir kommen hier zu einem tieferen Begriff der „Nachhaltigkeit“, denn die notwendigen ökologischen Veränderungen verlangen menschliche Veränderungen, und die können dauerhaft nur eintreten, wenn wir an die Wurzel gehen und neue Grundmuster für Kultur und Gesellschaft entwickeln. Die Herstellung von Vertrauen unter Menschen, die Ermöglichung von Wahrheit und zwischenmenschlicher Transparenz ist nicht nur ein individuelles, sondern vor allem ein gesellschaftliches, kulturelles, wirtschaftliches und politisches Thema.

Das ist ein Basisgedanke: Wir müssen Gemeinschaften entwickeln, in denen Lüge, Hinterlist und Betrug keinen evolutionären Vorteil mehr besitzen. Wir brauchen neue gesellschaftliche Strukturen, die ein dauerhaftes Zusammenleben in Wahrheit, Liebe und Vertrauen überhaupt erst ermöglichen. Es ist ein schweres geschichtliches Erbe, welches unsere individuellen Existenzen bis in die intimsten Räume hinein belagert. Dieses Thema muss gelöst werden, damit sich entelechiale Heilungskräfte voll befreien und betätigen können.

Es geht um die Entwicklung von Zukunftsgemeinschaften, die in der Lage sind, ihren Teilnehmern neue Erfahrungen von Heilung und Entwicklung zu ermöglichen, die aus einer neuen Erfahrung des Vertrauens hervorgehen. Solche Gemeinschaften gehen zwangsläufig durch eine Reihe von inneren Experimenten, mit denen sie die bisherigen Grenzen verschieben und neues Gelände erschließen. Es geht um Grenzverschiebung und die Ermöglichung anderer innerer Montagepunkte für das eigene Leben. Das ist ein Forschungsabenteuer von großer Bedeutung, vielleicht das größte Abenteuer unserer Zeit. Lynn Margulis, die bekannte Biologin, sagte dazu:

„Wenn wir die ökologischen und sozialen Krisen, die wir herbeigeführt haben, überleben wollten, wären wir wohl gezwungen, uns auf völlig neue, dramatische Gemeinschaftsunternehmungen einzulassen."

Man wird sich vielleicht wundern und fragen, ob denn wirklich so aufwendige Forschungsarbeiten notwendig sind, um funktionierende Gemeinschaften zu gründen und im Sinne stabiler Nachhaltigkeit neue Lebensformen zu entwickeln. Die Antwort heißt eindeutig: Ja, es ist notwendig. Die herkömmlichen Alternativmodelle vom einfachen Leben haben nie lange funktioniert, weil sie den immanenten Zerstörungskräften der modernen Zeit nicht gewachsen waren.

Die „Innenseite" der Dinge

Die Themen unserer Zeit sind dermaßen miteinander vernetzt und verbunden, dass sie nicht isoliert gelöst werden können. Eine wirklich gewaltfreie Ökologie kann nicht ohne ein neues Verhältnis zu unserer eigenen inneren Natur entwickelt werden; Natur im Äußeren und Natur im Inneren sind zwei Seiten desselben Themas, beide werden von derselben Lebensenergie bewegt. Solange wir unsere eigene Natur unterdrücken und verleugnen, werden wir kaum ein liebevolles Verhältnis zu den Mitgeschöpfen der äußeren Natur herstellen können. Ähnlich auch in Technologie und Medizin: Der anstehende Paradigmenwechsel verlangt zunehmende Kooperation mit jenen inneren Kräften, die bislang meistens verdrängt und bekämpft worden sind.

Es sind psychische Kräfte, die in jeder lebendigen Materie wirken; Teilhard de Chardin hat sie als die „Innenseite" der Dinge beschrieben und damit eine neue Schau der materiellen Welt eröffnet. Kosmische, überbewusste, unterbewusste oder verdrängte Kräfte, die bislang den separierten Bereichen von Tiefenpsychologie, Religion, Magie und Kunst zugeteilt worden sind, müssen nach und nach in eine bewusste Lebensführung integriert werden, um die latente Schizophrenie unserer derzeitigen Kultur aufzulösen. Es geht um eine Neugründung unseres Selbstverständnisses als Mensch.

Der sicherste Garant für den Erfolg der Arbeit sind die in jeder Gemeinschaft auftretenden Feldkräfte, die immer einsetzen, sobald unter den Teilnehmern Übereinstimmungen entstehen hinsichtlich neuer Erfahrungen und Grenzüberschreitungen. Es ist dann nicht mehr nur die Eigenkraft, sondern vor allem die Feldkraft, welche den Teilnehmern die neuen Erfahrungen ermöglicht. Wir müssen dann nicht mehr alles selber tun. Wir tun, was wir können, und den Rest: „Let God do".

Einige psychologische Kriterien moderner Hightech-Arbeit sollten auf die Ebene zwischenmenschlicher, spiritueller und ökologischer Forschungsarbeit übertragen werden, damit eine wirksame und schließlich überlegene Friedenskraft entstehen kann: Kriterien wie geistige Energie, Willenskraft, Kontinuität und Freude auf die Ergebnisse. Auch der Glaube an das Gelingen, die Bereitschaft zu Grenzverschiebungen, die Für-möglich-Erklärung dessen, was bislang unmöglich erschien. Es ist Experiment und Forschung, was hier angesagt ist, nicht das Festhalten an alten Glaubenssätzen. In den stürmischen Transformationsvorgängen unserer Zeit wirft das werdende Universum immer neue Zukünfte an den Horizont unseres Sehkreises. Forschungsarbeit im zwischenmenschlichen und gemeinschaftlichen Bereich heißt immer auch, Schritt zu halten mit dieser Entwicklung, ohne hektisch zu werden. Die richtige Ruhe liegt in der richtigen Geschwindigkeit. Die richtige Haltung liegt in einem Willen, der sich auf eine lange und schwierige Strecke vorbereitet. Es wird deutlich, dass hier auch die Frage nach unserer geistigen und körperlichen Kondition gestellt ist.

Man ahnt, mit welchem thematischen Umfang es eine Gruppe von Menschen zu tun hat, wenn sie die notwendigen globalen Aufgaben annehmen will. Aber gilt nicht auch hier die Grundregel: Je größer die Aufgabe, desto größer die uns zuströmende Kraft?

aus: Projekterklärung 1, 2004

KUNST

Iris Bijou Lindstedt, Hüterin des Kunstplatzes von Tamera

„Kunst ist der Vorentwurf für ein erträumtes Leben.“

Dieter Duhm

Zum kulturellen Leben von Tamera gehören alle Formen künstlerischen Arbeitens: Malerei, Musik, Tanz, Theater, Steinsetzungen zur Landschaftsheilung sowie Geländegestaltung. Es geht darum, die Gestaltungsprinzipien wiederzufinden, die die Schöpfung selbst benutzt. Dazu gehören: absichtsloses Handeln mit hoher Präzision, anstrengungsfreie Konzentration und ein spielerischer Umgang mit Schwierigkeiten.

Schwierigkeiten werden mit Leichtigkeit überwunden.

Kunst gestaltet Schöpfungsvorgänge bewusst. So nähert sie sich dem ursprünglichen Zusammenhang von Kunst und Kult. Durch gemeinschaftliche Aktionen und humorvolle Rituale wird Freude und kreative Energie erzeugt. Künstlerisches Handeln gehört zum Heilungsprozess der kommenden Kultur.

In Tamera sind eine Kunsthalle als Galerie und Theaterraum, ein Freiluftatelier und ein spezielles Gebäude *(„Futuroskop“)* für die Aufführung futuristischer Theaterstücke geplant.

Kunstkurs in Tamera: Begeisterung am kreativen Schaffen

TAMERA ARTS

Tamera Arts ist eine Künstlergruppe, deren Werke in Galerien ausgestellt werden und auch verkäuflich sind.

„Man möchte einem Gemälde ansehen, dass da ein Stück Leben geboren wurde. Die künstlerische Aktion selbst kann Leben freisetzen, das ist ihr höchstes Kriterium. Das ist auch die Hinwendung zu einem neuen, ins Heilungsgeschehen integrierten Kunstbegriff. Das entstehende Konzept von Tamera Arts möge eine Verführung in diese Richtung sein.“

Dieter Duhm

"Indianisches Leben" - Iris Bijou Lindstedt

"Sommer im Alentejo" - Dieter Duhm

"Die Göttin" - Sabine Lichtenfels

"In Liebe zu allen Wesen" - Madjana Geusen

DER STEINKREIS VON TAMERA

Der Steinkreis von Tamera - inzwischen stehen 96 Monolithen.

Für das Setzen der Steine wurden große Geräte verwendet.

Zur Erforschung der idealen Zukunftsgemeinschaft ließ Sabine Lichtenfels sich von der Vergangenheit inspirieren: Im Steinkreis Almendres bei Évora fand sie die Anregung, in Tamera einen modernen Steinkreis zu bauen, ein Gemeinschaftskunstwerk. Seine 96 Steine stehen für die 96 grundlegenden Archetypen einer Friedensgemeinschaft. Sein Kerngedanke heißt: Ergänzung statt Ausgrenzung, Kooperation statt Kampf.

Im April 1994 bereiste Sabine Lichtenfels Portugal und besuchte den Steinkreis Almendres bei Évora. Durch ihre langjährige spirituelle Forschung hatte sie gelernt, nicht nur auf sichtbare, sondern auch auf feinstoffliche Informationen zu achten. In Almendres spürte sie: Diese Steine waren von einer friedlichen und naturverbundenen Stammeskultur errichtet worden. Die bis zu drei Meter hohen Monolithen waren nicht zufällig angeordnet. Jeder der Steine schien einen Archetypen einer harmonischen Stammeskultur zu repräsentieren. Gespeichert in Stein und in der feinstofflichen Matrix ihrer Aufstellung bergen sie zeitlose und übergeschichtliche Informationen für eine gewaltfreie und wissende Lebensweise – geprägt von einer längst vergessenen Kultur, die während der Jungsteinzeit Portugal, aber auch viele andere Gebiete der Erde besiedelt haben muss.

Von dieser frühen globalen Kultur gibt es keine archäologische Funde, die auf Gewalt oder Verteidigungsanlagen schließen lassen. Immer mehr Geschichtsforscher gehen davon aus, dass es eine Zeit gab, wo Menschen ohne Krieg auskamen. Sie müssen ein Wissen über Frieden gehabt haben.

In den folgenden Jahren entschlüsselte Sabine Lichtenfels den Steinkreis von Almendres als Wissensschatz einer zutiefst friedlichen, archaischen Hochkultur. Sie schrieb darüber das Buch „Traumsteine – Reise in ein Zeitalter der sinnlichen Erfüllung".

Sabine Lichtenfels bei einer Morgenandacht im Steinkreis

*Einige Worte aus dem Buch **„Traumsteine"** von Sabine Lichtenfels:*

Ich setzte mich in die Mitte des Kreises auf einen flach liegenden Stein und schloss die Augen. „Erinnere dich an deine Vergangenheit, lange vor dem Urchristentum", war ein Satz, der sich immer wiederholte und den ich mir merkte. Schlagartig hatte ich das Gefühl, als sei ich zu Hause angekommen und als fiele eine große Anspannung von mir ab. „Du fin-

dest hier viele Informationen, die du zur Findung des richtigen Ortes und zum Aufbau deines Projekts brauchst. Du wirst noch oft hierher kommen." Ich wurde immer neugieriger.

Der Steinkreis blieb für Sabine Lichtenfels eine wichtige Inspirationsquelle. Die Idee reifte, auch in Tamera einen Steinkreis aufzubauen. Konkret wurde es durch die Zusammenarbeit mit Marko Pogacnik, Geomant und Landschaftsheiler, und Peter Frank, seinem langjährigen Schüler. Sie halfen mit ihrem geomantischen Wissen, den Steinkreis von Tamera zu initiieren. Die „Ikone der Zukunft" nahm Gestalt an.

Auf einer sanft ansteigenden Anhöhe genau in der Mitte des Geländes von Tamera wurde am 12. Oktober 2004 der erste Stein aufgestellt. Mittlerweile ist der Steinkreis vollendet: 96 teilweise mit Kosmogrammen bemeißelte Steine repräsentieren die wesentlichen archetypischen Kräfte einer Zukunftsgemeinschaft. Die Kosmogramme wurden im Lauf der Jahre mit viel Intuition und Kreativität von Mitgliedern der Gemeinschaft und Gästen, die sich mit den Archetypen verbunden fühlen, entwickelt.

Heute versammelt sich im Steinkreis von Tamera die Gemeinschaft an jedem Montagmorgen bei Sonnenaufgang, um mit dem „Ring der Kraft" politische Heilungsgedanken in die Welt zu senden. Padre Javier Giraldo hielt hier eine christliche Messe, inspiriert von der Kirche der Befreiung. Die Friedensaktivistin Starhawk leitete hier ein heidnisches Ritual mit Tanz und Gesang. Tibetische Mönche aus Dharamsala ließen ihre Gebetsfahnen wehen. Und zu jeder Tages- oder Nachtzeit finden hier einzelne Menschen Ruhe für Meditation und Gebet. Es ist, als ob der Steinkreis in seiner Schlichtheit und Volständigkeit verschiedensten Religionen und Denkrichtungen eine Heimat geben kann und Dogma und Ausgrenzung überflüssig macht.

Der Steinkreis dient dem Gebet von Einzelnen...

... und als Treffpunkt für Gemeinschaftsrituale.

Den meisten Steinen wurde ein Kosmogramm oder ein Symbol eingemeißelt, das ihre Kraft verstärken soll.
Dieser Stein steht für: "GRACE".

DER PLATZ DER KINDER

Kinder und Jugendliche sind die Träger der Zukunft unseres Planeten. Jedes Kind trägt eine unmittelbare, authentische Friedenskraft in sich.

Kinder brauchen den Schutz vor den Verirrungen und der Gewalt unserer Zeit, und sie brauchen Erwachsene, die mit aller Kraft und Entschiedenheit Partei beziehen für das Leben und gegen den Krieg. Sie brauchen einen Lebens- und Lernraum von menschlicher Wahrheit, Heimat und Vertrauen. Sie besitzen große Helferkräfte für den Schutz des Lebens, der Tiere, der Pflanzen und der Menschen. Eine der wichtigsten Aufgaben vom Platz der Kinder in Tamera ist es, diese Helfer- und Friedenskräfte zu schützen und zu stärken.

Am Platz der Kinder sind Eltern und Kinder in die wachsende Kindergemeinschaft eingebettet.

Musik, Theater und Spiel sind für das Aufwachsen von Kindern ebenso wichtige Elemente wie Konzentration und Sammlung.

Kinder lieben Kinder. Sie brauchen neben der Heimat und dem Vertrauen bei Erwachsenen ein Biotop von Kindern und Jugendlichen. Sie sind sich gegenseitig Helfer, Korrektur, Vorbilder und echte Freunde. Die Basis der Schule in Tamera ist eine entstehende Kindergemeinschaft.

Dort lernen sie ihr großes kosmisches Wesen und ihren kreativen Geist kennen und nutzen für eine Welt, in der alle Wesen wieder in Vertrauen und gegenseitiger Unterstützung zusammen leben.

Kinder lernen auch, indem sie sich frei in der Natur bewegen, durch den Umgang mit Pflanzen, mit Tieren und den Elementen. Tiere zu pflegen, freilebende Tiere zu beobachten und mit ihnen Kontakt aufzunehmen, das scheint allen Kindern zu entsprechen und ihre Seele von klein auf zu stärken. Schwerpunkte der Schulausbildung in Tamera sind neben den Grundfächern Sprachen, Mathematik und Weltkunde der Kreativbereich Musik, Kunst und Theater und internationale Netzwerkarbeit mit Kindern aus aller Welt.

Wir nennen dies Escola de Esperança – „Schule der Hoffnung"

Weitere Informationen:
schule@tamera.org

Tamera Website - Platz der Kinder
www.tamera.org

JUGENDSCHULE „GLOBALES LERNEN“

Viele Jugendliche und junge Erwachsene sind mittlerweile verantwortlich an der Gestaltung von Tamera und seiner Friedensarbeit beteiligt. Ihre Kraft der Anteilnahme, ihre Radikalität und Kreativät finden in Tamera eine sinnvolle Perspektive: Ausbildung in Friedensberufen, der Aufbau einer weltweiten Bewegung für eine freie Erde.

In der Jugendschule „Globales Lernen“ in Tamera gibt es drei Hauptschwerpunkte:

1. Die Forschung und das Angebot von Berufsausbildungen. Training und Ausbildungsmöglichkeiten reichen von Musikschule, Theaterschule, Tierpflege, nachhaltigen Technologien, Permakultur, politischer Netzwerkarbeit bis zu handwerklichen Ausbildungen wie Mechanik, Schreinerhandwerk und Metallverarbeitung.

2. Gemeinschaft: Theorie und Praxis des Gemeinschaftsaufbaus

3. Erfahrung in Krisengebieten: Jedes Jahr haben die TeilnehmerInnen der Jugendschule die Gelegenheit, in einem Krisengebiet die Situation der Welt kennenzulernen und zu helfen.

Zur Jugendschule

Freya von Wussow, 13
Wir haben Unterricht in Sprachen, Mathematik, Weltkunde und lernen, was in der Welt wirklich passiert. In der Jugendschule habe ich die Möglichkeit, meine Themen und Gedanken frei auszusprechen, sie werden von der Gemeinschaft angehört, und es wird eine Lösung gefunden. Wir können unsere Fragen stellen und kriegen ehrliche Antworten, egal in welchem Thema. Und wir haben die Möglichkeit, den jüngeren Kindern Unterricht zu geben.

Was bedeutet die Jugendschule für mich?

Maria Kessler, 13
Das Wichtigste in der Jugendschule für mich ist, dass ich meinen Lehrern vertrauen kann!
Wenn ich wirklich vertraue, bekomme ich eine riesige Kraft. Ich kann sicher sein, dass die Lehrer mich unterstützen wollen, dass sie mir die Wahrheit sagen und dass wir alle Fragen stellen können, die uns wirklich wichtig sind. Auch, wenn es um das Thema Liebe geht. Gut finde ich auch, dass manche unserer Lehrer nicht sehr viel älter als wir sind (wir sind 13-16, zwei von unseren Lehrern sind 21). Sie wissen noch ziemlich genau, was wir gerade erleben und können uns deshalb in manchen Fragen besser unterstützen.

Die Musikschule

Naila von Mendelssohn, 13
Wir sind dabei, eine Musikschule aufzubauen, in der wir dann Einzelunterricht bekommen und auch lernen, in einer Band zu spielen. Ich liebe es, Musik zu machen. Man kann Menschen durch Musik zusammenbringen und leicht kennenlernen. Bei der brasilianischen Band *„Poesia Samba Soul“*, die uns in Tamera besucht hat, habe ich gemerkt: Wenn sie Musik machen, wollen sie den Menschen zeigen, dass sie an eine Möglichkeit glauben, die Welt zu verändern. Von solchen Musikern kann ich ganz anders lernen. Da geht es nicht nur darum, ob ich alles schon kann, sondern vor allem um den Inhalt - nämlich die Welt und die Menschen, die keine Perspektive haben, zu unterstützen.

◂ "Wenn ich vertraue, bekomme ich eine riesige Kraft." Drei heranwachsende Mädchen auf der Schwelle zum Erwachsen-Werden.

"Der Schwarze Schatten" - Theateraufführung in Sines, Portugal

Die Theaterschule

Jan Regelmann, 14
Die Idee mit der Theaterschule hatten wir 2007 nach unser Pilgerreise in Israel/Palästina. Da hatten wir gesehen, was die beiden Völker machen: Mit einer hohen Betonmauer und vielen Checkpoints nimmt Israel an vielen Orten den Palästinensern die Bewegungsfreiheit; und viele Palästinenser sind voller Wut. Wir wollten den Leuten aus der westlichen Welt zeigen, was wirklich passiert und zwar auf eine Weise, dass sie es nicht gleich wieder vergessen und es als Schwachsinn abtun oder denken, dass sie eh nichts tun können.

Und genau das haben wir dann im Theaterstück „Der schwarze Schatten und das Rätsel des Burgfräuleins" verwirklicht. Es geht um ein Burgfräulein, das in einem Schloss mit ihren Eltern und dem Hofstaat lebt. Es werden ihnen Nachrichten aus der Welt gebracht, und sie sagen nur: „Lasst uns in Ruhe" oder „Wir haben Wichtigeres zu tun", „Was können wir den schon machen?" und „Hier kann das eh nicht passieren".

Patch Adams beim Besuch auf dem Platz der Kinder

Plötzlich kommt ein schwarzer Schatten und versteinert alle außer dem Burgfräulein. Danach trifft sie Cosmico, den Hüter des Wissens, der ihr ein Rätsel aufgibt, um die Welt zu retten, und Merlin, einen Zauberlehrling, der nicht zaubern kann. Zusammen finden sie raus, was auf der Welt eigentlich los ist. Sie holen Kinder aus verschiedenen Situationen, ein Flüchtlingskind, einen Kindersoldaten, ein Fabrikmädchen und ein Tierschutzmädchen und lösen dann gemeinsam das Rätsel.

Wir haben mit dem Stück eine Tournee durch Deutschland und die Schweiz gemacht und es dort zwölf Mal aufgeführt. Später haben wir das Stück auf englisch übersetzt und verfilmt. Dann haben wir es auf portugiesisch übersetzt und es in Portugal aufgeführt. Aber wir hatten vorher auch eine Menge Arbeit: Schreibwerkstatt mit Leila Dregger, Theaterschule mit Rico Portilho. Rico hat uns beigebracht, richtig Theater zu spielen und nicht ein Stück nur auswendig zu lernen.

Patch Adams, Clown-Doktor, USA: Ich habe in meinem Leben 400 bis 500 Gemeinschaften besucht und schaue mir immer die Kinder und deren Welt an. Bei meinem vorletzten Besuch in Tamera sah ich unter anderem ein Theaterstück, das die Kinder einstudiert hatten. Ich sah ein ausgezeichnetes Stück, das die globalen Probleme reflektierte. Es war ein revolutionäres Manifest für die Gegenwart, aber ohne Dogma. Erwachsene bräuchten sehr viel Arbeit, um das Publikum ähnlich stark aufzurütteln und das zu erreichen, was dieses Kindertheater so leicht schafft. Dieses Stück sollte überall gezeigt werden.

ALDEIA DA LUZ

Für das Aldeia da Luz *haben sich acht Frauen zusammen getan; die meisten von ihnen sind über 60 Jahre alt. Während sich Altersgenossinnen in aller Welt auf ihren Ruhestand vorbereiten, taten diese das Gegenteil: Sie bauten die Grundlage für ihre Wunschberufe. Neben dem Haus für Kunsthandwerk und Kultur* (Casa Sandra) *und dem experimentellen* „Drei-Bogen-Haus“ *entstanden eine Kräuterwerkstatt und ein Textilatelier.*

Das ist Frauenpower: Acht Frauen haben sich zusammen getan, um ihr handwerkliches Wissen an junge Menschen weiterzugeben.

Das „Drei-Bogen-Haus“

Im Textilatelier werden Kleider gepflegt und wieder aufbereitet sowie neue entworfen.

Alice Lindstedt, 75: „Als Näherin in Tamera vergesse ich nicht, unter welch ausbeuterischen Verhältnissen Textilien in der Welt hergestellt werden. Deshalb möchte ich nicht, dass Kleider zu schnell weggeschmissen werden, sondern sie sollen geehrt und solange als möglich getragen werde – durch Ändern, Reparieren, Neu-Zusammensetzen; und was man gar nicht mehr verwenden kann, wird als Isolationsmaterial beim Bauen benutzt, so dass alle Dinge vollkommen recycelt werden.“

Im Kräuterhaus werden wild wachsende und selbst angebaute Pflanzen zu Tee, Heilkräutern und Gewürzen verarbeitet. Im Außenbereich werden Kräuterbeete und ein Heilpflanzenlehrgarten entstehen.

Sandra Schmidt: „Die Seele des Platzes soll durch Werte wie Gastfreundschaft, gemeinsames Wachstum, Umsetzung von geistiger Energie in Materie, Lebensfreude und Wiederentdeckung des inneren Lichts erfreut und genährt werden.“

In beiden Werkstätten werden Arbeits- und Ausbildungsplätze angeboten. Geplant sind kreative Zusammenkünfte in der Nähwerkstatt für das Entwerfen einer neuen sinnlichen, aber auch ökologisch vertretbaren Mode. Im Kräuterhaus finden Seminare für die Vermittlung von Heilwissen rund um das Thema der Pflanzen statt.

Alice Lindstedt: „Wir sind eine Zelle des Globalen Campus, die altes Frauenwissen von Pflanzen (Heilwissen) und Handwerkswissen (Textilien) pflegt und an die Jugend weitergibt.“

Übrigens: Der Name des Dorfes soll an das Dorf Luz erinnern, das vor einigen Jahren beim Bau des Alqueva-Staudammes überflutet wurde.

FREUNDSCHAFT MIT TIEREN

Almut Schmitz und Balou

"Was ist der Mensch ohne die Tiere?
Wenn alle Tiere gegangen wären,
würde der Mensch aus großer
Einsamkeit des Geistes sterben.

Denn was auch immer mit dem Tier geschieht,
passiert auch bald dem Menschen.
Alle Dinge sind miteinander verbunden."

Häuptling Seattle, *Duwamish Stamm*

Tiere sind bewusste und beseelte Mitgeschöpfe, die beitragen wollen zur Heilung unseres Lebens und unseres Planeten. Wenn wir wieder lernen, die Stimme unserer Mitlebewesen einzubeziehen in unsere Friedensarbeit, werden sich Möglichkeiten der Kooperation ergeben, die bislang noch nahezu unerforscht sind.

In Tamera leben die verschiedensten Mitwesen: Kröten, Schlangen, Hasen und viele andere. Möglicherweise waren in alter Zeit Tiere Freunde und Lehrer des Menschen, und schädliche Tiere gab es ebensowenig wie schädliche Menschen.

Was, wenn der heutige Mensch wieder in Kooperation mit ihnen tritt, wenn er offen ist für die Begegnung und die Botschaft, die sie bereithalten? Was, wenn nicht Ausbeutung, sondern Neugier und Vertrauen das Verhältnis bestimmen könnten?

Die Tamera-Gemeinschaft pflegte stets einen freundlichen Umgang mit Tieren. So kam es zu außergewöhnlichen Begegnungen und Kommunikationserlebnissen. Das Verhältnis zwischen Mensch und Tier zu heilen und darin wieder Vertrauen zu schaffen, war von Anfang an ein wichtiges Anliegen. Dafür wurde auch der Pferdehof gegründet.

Der Pferdehof ist ein Schwerpunkt des Tierprojektes und besteht bereits seit 1996. Hier haben schon einige Pferde einen Sanktuariumsplatz gefunden. In ihrer Ausdrucksfreude und Kraft sind die Pferde für den Menschen Helfer für deren eigene Entwicklung und Heilung. Die Arbeit mit Pferden ist ein wesentlicher Baustein für das konkrete Erlernen von Vertrauen, Kontakt und Kooperation.

Almut Schmitz, die Leiterin des Pferdhofes: „Zur Zeit leben unsere 11 Pferde noch auf großen Koppeln, wir arbeiten jedoch an der Verwirklichung der größeren Vision. In Zusammenarbeit mit Sepp Holzer wollen wir ein Gelände gestalten, das sowohl der Landschaftsheilung dient, als auch den Tieren ihren Lebensraum zurückgibt.

Ein heilender Kontakt zwischen Pferd und Mensch - beim Bad im "Braunen Teich"

Der Schwerpunkt der Arbeit mit den Pferden liegt nicht beim Reiten, sondern im Erlernen eines neuen und bewussten Umgangs mit ihnen und der Veränderungs- und Bewusstseinsarbeit mit und an uns selbst. Die Pferde werden grundsätzlich ohne Gebiss und ohne Sattel geritten. Mehrmals im Jahr bieten wir Kurse an, in denen wir einen neuen Kontakt mit den Pferden erleben und erlernen können."

Außerdem wird erste Hilfe an notleidenden Tieren aus der Umgebung geleistet. Immer wieder werden streunende Hunde, verletzte Schafe und andere Tiere in Tamera aufgenommen und gesund gepflegt, bis ein neuer Platz für sie gefunden ist. Doch die Kapazitäten von Tamera hierfür sind begrenzt. Deshalb wünscht sich die Gemeinschaft eine Kooperation mit den Nachbarn, Behörden und engagierten Menschen, um gemeinsam die Situation der Tiere in der Region und in ganz Portugal zu verbessern.

Kontakt:
horseproject@tamera.org

Die Tierfeuerwehr

Maria Kessler, 13

Ich liebe Tiere! Ich liebe es, den Tieren zu helfen! Mir fällt immer wieder auf, wie sehr sich die Situation der Menschen widerspiegelt in der Situation ihrer Tiere! Es gibt Bauern, die ihre Hunde misshandeln, sie im Sommer in der Sonne an kurze Ketten hängen und ihnen nicht einmal Wasser geben! Als ich das das erste Mal gesehen habe, kam eine riesige Wut in mir hoch! Ich hätte die Bauern am liebsten angeschrien. Aber im zweiten Moment war mir klar, dass es nicht so einfach geht. Ich habe verstanden, dass es darum geht, eine neue Information zu setzen!

Darum helfen wir den Tieren in der Nähe, versorgen sie und reden mit den Bauern. Wenn es einem Tier besonders schlecht geht, nehmen wir es mit und pflegen es. Durch diese Arbeit mit den Tieren lerne ich, mich entscheiden zu können, jetzt z. B. nicht wütend zu werden, weil ich weiß, dass es eigentlich keinen Sinn macht.

Ich lerne auch, was ein Tier wirklich ist! Dass es ein Lebewesen ist und eine Seele hat wie wir! Tiere sind unsere Lehrer. Du kannst mit einem Tier nicht reden und sagen, es wäre ein braves Tier und dabei daran denken, dass du es gleich schlagen wirst. Die Tiere reagieren auf deine Gedanken und nicht auf deine Worte.

Ein Satz, der mir besonders gefällt, lautet: „Solange Menschen denken, dass Tiere nicht fühlen, müssen Tiere fühlen, dass Menschen nicht denken!" Ich möchte das verändern. Ich möchte, dass Tiere wieder fühlen, dass Menschen denken.

Lama Thubten Wangchen aus Barcelona nahm an einer Pferdemeditation teil

Die "Tierfeuerwehr" kümmert sich um notleidende Tiere in der Nachbarschaft

Tamera Website Pferdeprojekt
› www.tamera.org/horseproject

Kapitel VII

Die Geschichte

von Tamera

Wie alles anfing

WIE ALLES ANFING

Die Gründung von Tamera im Jahr 1995 war einer von vielen Schritten auf dem Weg zu dem jetzt sichtbar werdenden Modell für die Zukunft. Es begann im Mai 1978 in Deutschland.

Dieter Duhm zur Zeit der Projektgründung

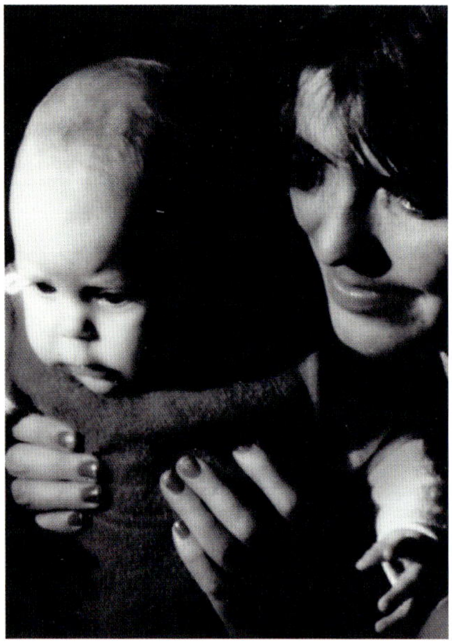
Sabine Lichtenfels mit Tochter Vera

Charly Rainer Ehrenpreis

Im Mai 1978 begegneten sich in Deutschland drei Menschen und tauschten sich über ihre Gedanken zur Situation der Welt aus: die Theologin Sabine Lichtenfels, der Soziologe Dr. Dieter Duhm und der Physiker Charly Rainer Ehrenpreis. Aus ihren Gesprächen entstand ein gemeinsames Vorhaben: der Aufbau eines interdisziplinären Forschungs- und Ausbildungsprojektes, einer alternativen Universität für die Erneuerung und Verbindung von Natur- und Geisteswissenschaft.

Dieter Duhm war im Jahre 1942 in Berlin geboren worden, mitten im Zweiten Weltkrieg. Er erlebte die Gewalt am eigenen Leib, in den Bombennächten in Berlin, auf dem Flüchtlingstreck nach Süddeutschland und dann in seiner neuen Heimat am Bodensee. Er war noch keine 6 Jahre alt, als einheimische Jungen ihn eines Tages packten, nackt auszogen, an einen Laternenpfahl banden und von oben bis unten mit Teer beschmierten. Er hatte nichts getan, war nur ein „Fremder". Sie brauchten jemanden, an dem sie ihre ungerichtete Wut, ihre eigene seelische Heimatlosigkeit auslassen konnten. So erhielt er schon früh seinen ersten Unterricht über das Wesen des Faschismus.

Er war 14, als er zum ersten Mal von Konzentrationslagern hörte. Zunächst wehrte er sich mit allen geistigen Waffen, die ihm zur Verfügung standen, versuchte, sich einzureden, dass die Opfer in Wirklichkeit Verbrecher waren oder dass Erwachsene vielleicht nicht so leiden unter dem Schmerz.

Dann fing er an, seine Eltern und ihren Bekanntenkreis auszufragen. Seine Hoffnung, etwas Tröstliches, Milderndes, Schmerzlinderndes zu erfahren, zerrann mit zunehmender Recherche. Es gab keine Tröstung. Auschwitz: Das war die Wirklichkeit, jedenfalls ein unausrottbarer Teil von ihr.

Ihm blieb eine letzte Hoffnung: Das war vielleicht die Wirklichkeit, ist sie aber nicht mehr. Die Hoffnung verging. Jahre später war er einer der führenden Köpfe der Deutschen Linken in der 68er Studentenbewegung. Gemeinsam mit seinen Genossen kämpfte er gegen Imperialismus und Vietnamkrieg. Er sah die Fotos von vietnamesischen Frauen mit abgeschnittenen Brüsten, von Napalmverbrannten. Er wusste, das ist die Kehrseite der abendländischen Moral und Kultur.

Er schrieb damals: „Warum konnte bisher noch keine menschliche Idealgesellschaft verwirklicht werden? Weil der Fehler nicht nur in äußeren Verhältnissen, sondern vor allem in den inneren Strukturen und Denkformen bestand. Man kann aus autoritär geformten Menschen keine freie Gesellschaft aufbauen. Man kann keine gewaltfreie Gesellschaft errichten, wenn die Hass- und Gewalt-

Die erste Phase des Projektes, 1978 in Jagsthausen

impulse im Inneren nur unterdrückt, aber nicht aufgelöst sind. Eine Revolution, die nicht im Inneren stattgefunden hat, kann auch im Äußeren nicht gelingen. Das ist eine Lehre der Geschichte."

Dieter Duhm konnte sich nicht mehr integrieren in die bürgerliche Gesellschaft. Mehrere Professurangebote lehnte er ab. Angesichts der globalen Gewalt konnte er nicht zur Tagesordnung übergehen.

Er zog sich auf einen einsamen Bauernhof in Niederbayern zurück, um nachzudenken. Seine Eremitage wurde zu einer geistigen Zukunftswerkstatt: Er beschäftigte sich mit den unterschiedlichsten geistigen Quellen, mit Nietzsche, Hegel und van Gogh, Rudolf Steiner, Jesus, Lao Tse, Wilhelm Reich, Prentice Mulford, Teilhard de Chardin. Langsam begannen sich die einzelnen Fragmente des Wissens zusammenzufügen zu einem neuen Gesamtbild. Ein neues geistiges Muster formte sich aus Erkenntnissen der Biologie und der Kybernetik, der Psychoanalyse und Mathematik, der Kunst, Geschichte und Theologie. Eine Vision leuchtete auf: Ja, es ist möglich. So könnte Frieden gelingen.

Das soziale Experiment fand im Gut Rosenhof im Schwarzwald statt.

Aus der Vision formulierte er ein politisches Konzept. Es setzt da an, wo Kriege täglich neu entstehen: im Zusammenleben von Menschen, von Mann und Frau, von Kindern und Erwachsenen, Individuen und Gesellschaft, Mensch und Natur. Hier ist eine Veränderung zu schaffen, ein Paradigmenwechsel zu vollziehen. Und zwar nicht nur mit Worten, sondern konkret, in erfahrbarer Lebenspraxis.

Er begann, die Idee zu verwirklichen. Als er später gemeinsam mit Sabine Lichtenfels und Charly Rainer Ehrenpreis das erste Gemeinschaftsexperiment bei Heilbronn gründete, erlitt er Rückschläge, war gesellschaftlichen Widerständen, Verleumdungen und Anfeindungen ausgesetzt, vertiefte, korrigierte, vervollständigte sein Konzept und begann von vorn.

Lange Jahre der Arbeit vergingen, ohne äußerlich sichtbaren Erfolg. Doch sein Glaube an jenes innere Lebensmuster, welches er in seinen späteren Schriften als heilige Matrix bezeichnet, wuchs. Auch wenn er sich schon früh vom Christentum und allen anderen Religionen abgewendet hatte, war in ihm ein immer lauteres Gebet um Hilfe und Beistand entstanden. Er wusste nicht, zu wem er betete. „ES" betete sich von selbst. So fand er zu einem Glauben, der auf Anteilnahme, auf Forschung und Erfahrung beruht, nicht auf übernommenen Dogmen. Vor allem aber war es ein Glaube an den Menschen, an seine Fähigkeit zur Wahrheit und seine Kraft zur Erkenntnis.

Das "Forum" als gemeinschaftsbildendes Element wurde entwickelt.

1983 beschloss die Gemeinschaft, ein soziales Experiment durchzuführen.

Eines der Folgeprojekte des sozialen Experimentes ist das Zentrum für experimentelle Gesellschaftsgestaltung in Deutschland. Hier ein Arbeitsteam.

Projektgründung

Zurück zur Projektgründung: Gemeinsam mit dem Physiker und Musiker Charly Rainer Ehrenpreis war Dieter Duhm auf der Suche nach geeigneten Kooperationspartnern durch das Land gereist, bis sie 1978 die Theologie-Studentin Sabine Lichtenfels besuchten. Sie und Rainer Ehrenpreis waren seit ihren Jugendjahren befreundet und inspiriert von dem Gedanken, eine Künstlerkolonie zu gründen.

Sabine Lichtenfels war 1954 in eine Künstlerfamilie hineingeboren worden. Ihre Suche galt der Liebe. „Ich war praktisch immer verliebt, solange ich zurückdenken kann. Ich wollte wissen, wie Wahrheit in der Liebe möglich ist. Ich sah, wie isoliert die Menschen in unserer westlichen Kultur lebten. Es musste doch möglich sein, mehrere Menschen zu lieben, ohne dass Verlustangst, Eifersucht und Trennung folgten."

Sie folgte den turbulenten Wegen, die sich daraus ergeben, erfuhr das Glück der großen Liebe, Mutterschaft, Heirat, Eifersucht des Partners, Scheidung – all die „normalen" Dinge eines Frauenlebens. Sie wählte zum Erstaunen ihrer atheistischen Familie das Theologiestudium, denn sie liebte Jesus, den Revolutionär.

Lange quälte sie das Gefühl, dass alles, was sie für die Welt tun konnte, nur ein Tropfen auf den heißen Stein sei. Während man an einem Ort hilft, geschieht an einer anderen Stelle ein anderes Unrecht. Sie hatte deshalb früh den Gedanken, ein neues System des Zusammenlebens unter Menschen zu erfinden, in dem man auf elementare Weise Frieden lernen kann.

Sabine Lichtenfels akzeptierte nicht das Prinzip Entweder/Oder: Entweder politische Arbeit oder Erfüllung als Frau. Sie fühlte, dass die äußere Revolution von einer inneren begleitet sein müsse. Und sie konnte nicht an die Verwirklichung eines gerechten Sozialismus glauben, solange er keine innere Revolution in der Liebe mit einschließt. Liebe und der politische Wille zur Veränderung der Welt sollten zusammenkommen. „Wenn wir keinen Krieg wollen, brauchen wir eine Vision für den Frieden."

Die schnell wachsende Gruppe startete mit einem ersten interdisziplinären Forschungszentrum auf einem ausgebauten Bauernhof in Süddeutschland. Spezialisten aus der Bionik, Architektur, Kymatik, Informationstechnologie und Medizin kamen zusammen. Die ersten technischen Versuchsanordnungen für Wirbelforschung, Abwasserreinigung, Bauformen und Lebensenergieforschung wurden angelegt.

Die Drei Roten Steine - ein Gemeinschaftskunstwerk - wurden zum Emblem des Projektes.

Doch bald musste die Gruppe einsehen, dass beste Absicht und bestes Spezialwissen nicht reichen. Es drohte dasselbe, was in tausend Teams zuvor geschehen war. Konflikte entzündeten sich an Kleinigkeiten, entwickelten aber eine Explosivität, die die ganze Gruppe zu sprengen drohte. Sollten Menschen, die den Frieden auf der Welt wollen, tatsächlich nicht in der Lage sein, miteinander in Frieden zu leben?

Was ist dieser Sprengstoff eigentlich wirklich – woraus besteht er – auf dem tiefsten Grund der Wahrheit? Lohnte es sich nicht – nach so vielen gescheiterten Projekten und Experimenten – dies einmal näher zu beleuchten und zum eigentlichen Forschungsgegenstand zu machen? Letztlich war es gleichbedeutend mit der Frage: Wie entsteht Gewalt – und wie kann sie dauerhaft und strukturell, also im globalen System beendet werden?

Dieser tiefere Grund schien mit all dem zu tun zu haben, was gemeinhin als Privatsache oder Intimbereich angesehen wurde: Liebe, Sexualität, Partnerschaft, Zusammenleben, Gott. Es brauchte ein Forschungsprojekt, das sich speziell mit diesen Kernthemen befasste. So entschlossen sie sich zu einem sozialen Experiment. Im Wissen, Pionierboden zu betreten, entschieden die Mitglieder der Forschungsgemeinschaft, sich selbst, ihr Zusammenleben und auch ihre intimsten Fragen zum Forschungsgegenstand zu machen. Fünfzig Menschen würden drei Jahre lang zusammen bleiben. Keiner würde aussteigen.

Geforscht wurde in allem: Im Bauen, in der Ernährung, in der Ökonomie, der Kunst, den Entscheidungsstrukturen einer Gemeinschaft, der Heilung, dem Gartenbau, dem Umgang mit Tieren, dem Umgang mit Wasser und dem Umgang mit Fehlern, von denen es ebenfalls reichlich gab. Man lernte beten, und man lernte, aneinander Anteil zu nehmen. Man lernte, dass ein einziger authentisch ausgesprochener Satz manchmal wichtiger ist als eine ganze Doktorarbeit.

Das soziale Experiment dauerte von 1983 bis 1986. Nach den drei Jahren hatte die Gruppe eine fundierte Wissensbasis aufgebaut – über den Aufbau von stabilen Gemeinschaften, über wirksame gemeinschaftliche Kommunikationsformen und über die sozialen Bedingungen für Wahrheit und Dauer in der Liebe.

Dieter Duhm formulierte die „Politische Theorie". Basierend auf verschiedenen Wissenschaften und Erfahrungen führt er damit schlüssig aus, warum und wie eine kleine Drehung in einem Teil des Organismus die Erde als Ganzes beeinflussen kann. Mit anderen Worten: Wie und warum lokale Friedensarbeit eine globale Wirkung haben kann. Dies ist die theoretische Grundlage für den Aufbau einer weltweiten Bewegung für autarke Modelle.

Mit dem sozialen Experiment hatte sich die Gruppe ein verallgemeinerbares Gemeinschaftswissen erarbeitet, auf dessen Grundlage nun – mit weltweiten Kooperationspartnern und Spezialisten verschiedener Bereiche – ein globales und umfassendes Friedensforschungsprojekt starten konnte.

In Deutschland erwies sich dies zur damaligen Zeit als fast unmöglich. Viele Ergebnisse des sozialen Experimentes hatten zum Konflikt mit dem „guten Ton" der Gesellschaft geführt. Es begannen massive Angriffe durch Teile von Kirche und Presse. Es schien in Deutschland immer schwerer zu werden, einen gesellschaftlichen Freiraum zu haben, in dem ganzheitliche Forschung möglich wäre.

Nach dem sozialen Experiment starteten dessen Teilnehmer verschiedene Projekte: Das Tagungszentrum ZEGG (Zentrum für experimentelle Gesellschaftsgestaltung) in der Nähe von Berlin, das Delphinforschungsschiff Kairos, sowie ökologische Unternehmen und kulturelle Treffpunkte in Städten, die sich selbständig weiter entwickelten und teilweise auch heute noch existieren.

Parallel dazu hatte Sabine Lichtenfels in verschiedenen Ländern zu Wüstencamps eingeladen. Ihr Gedanke war, einen Raum zu schaffen, in dem sich Menschen auf das Wesentliche konzentrieren können und allein in der Schöpfung und in der Einfachheit einen Neuanfang finden. In dieser besonderen Umgebung bekamen globale Überlebensfragen eine neue, existentielle Bedeutung.

Eines der Wüstencamps fand in einer Dünenlandschaft im Alentejo statt. So begann die Liebe zu diesem Land. Portugal wurde in die engere Auswahl genommen, hier ein dauerhaftes Forschungsprojekt aufzubauen.

Sabine Lichtenfels lud zu Wüstencamps an verschiedenen Orten ein.

Monte do Cerro - das Gelände in den ersten Jahren

Ein Adler will landen

Mit Monte do Cerro entschied sich die Gruppe für ein 134 ha großes Grundstück im Alentejo. Das Gelände hat einen Grundriss, der an einen landenden Adler erinnert.

Sabine Lichtenfels war mit einer kleinen Gruppe auf Geländesuche. Der Schäfer, der ihnen das Land zeigte, betonte immer wieder: „Gutes Wasser!" und führte sie zuerst zu einer Quelle. Eine Palme, eine Feige und eine Rose umstanden das Quellbecken – nach einer alten Sage sind solche Plätze Wohnstätten der Göttin. Auch heute, da mehrere Quellen auf dem Gelände erschlossen worden sind, behielt diese Quelle immer eine spezielle Bedeutung. Ihr Wasser gilt als besonders reines Heilwasser.

Sabine Lichtenfels gab dem Projekt, das sie hier aufbauen wollten, den Namen „Tamera" - erst später erfuhr sie, dass dieser Name in einer alten Sprache „Am Urquell" heißt.

Ohne Startkapital, ohne öffentliche Förderung, allein durch die finanziellen Beiträge von vielen privaten Spendern, wurde der Platz 1995 erworben.

Das Labor in der Halle, die 1999 abbrannte

Tamera wurde als erstes nicht von Bauarbeitern oder Elektrikern, auch nicht von Ökologen und Gärtnern erschlossen, sondern von Künstlern. Sie begannen, das Gelände und seinen Charakter durch das Medium der Malerei wahrzunehmen. In diesen ersten Wochen entstanden Bilder von Korkeichen, Kröten, geschwungenen Hügeln, ausgeblichenen Sommerlandschaften und anderen Manifestationen der Göttin – Liebeserklärungen in Form und Farbe an den Alentejo.

Nachdem eine kleine Gruppe die Infrastruktur geschaffen hatte, begann der Aufbau einer tragfähigen Kerngemeinschaft. Werkstätten, Ateliers, Netzwerkbüros, Seminarräume und Unterbringungsmöglichkeiten entstanden, Gärten wurden angelegt, Wälder aufgeforstet – alles aus privaten Mitteln und Spendengeldern. Dann begann die Gruppe, ein weltweites Netzwerk von Friedensinitiativen, Erfindern, Forschern zu knüpfen und die Kooperation vorzubereiten. Experimente in Energieforschung und Ökologie waren von Anfang an Teil des Projektes. Schon im ersten Jahr gab es eine so genannte Sommeruniversität, zu der mehr als 100 BesucherInnern aus vielen Ländern anreisten. Bald darauf begannen die ersten Ausbildungen und Tagungen.

Feuer

In der Nacht zum 1. Februar 1999 wurden einige Mitarbeiter durch ein ungewöhnliches Geräusch geweckt: Die große Halle stand in Flammen. Im Hauptgebäude Tameras, gerade aufwändig instand gesetzt, genutzt als Versammlungshalle, Küche, Lager, Forschungslabor, Kunst-, Foto- und Text-Archiv sowie Planungsbüro, waren nach einem Kurzschluss zuerst ein Kabelbrand und dann ein Großfeuer ausgebrochen. Auch die auf Traktoren eintreffenden Nachbarn und die Feuerwehr konnten nicht mehr helfen. Die Halle brannte vollständig nieder.

Die Gemeinschaft stand davor. Glücklich, dass kein Mensch zu Schaden gekommen war, musste sie doch mit ansehen, wie fast ihr gesamter Besitz verbrannte.

Der Brand zeigte, wie fest und solidarisch das Netzwerk um Tamera bereits war: Aus allen Richtungen kam Hilfe sowie unzählige Bekundungen von Freundschaft und Solidarität. Mit erhöhter Entschlossenheit entstanden neue Gebäude – provisorische wie das Versammlungszelt für Tagungen, Hütten, Container, Wohnwägen und Blockhäuser – und feste, wie das Institut für globale Friedensarbeit und das Gästehaus.

Generationswechsel

Seit dem Jahr 2000 boten Dieter Duhm und Sabine Lichtenfels die ersten Friedensausbildungen an, vor allem für Jugendliche und junge Erwachsene. Aus ihnen wurde eine Gruppe von Trägern, die mit den Friedensgedanken von Tamera sehr vertraut sind. Sie bilden inzwischen die neue Leitungsgeneration. Sie sind es heute, die die Friedensausbildung organisieren, die die heutigen Jugendlichen unterrichten und den Aufbau des Globalen Campus vorantreiben. Es ist ein gelungener Generationswechsel – auch dank der erfahrenen Kräfte des Projektes, die sich mit ihrem Wissen voll und unterstützend hinter die junge Generation stellen.

Israel-Palästina

Nach Ausbruch der zweiten Intifada in Israel-Palästina wurde den Mitarbeitern von Tamera klar, dass man nicht mehr tatenlos zuschauen konnte.

„Im Nahen Osten entscheidet sich mehr als das Schicksal zweier Völker", schrieb Dieter Duhm. „Wenn hier Friede gelingt, dann wird er auch an anderen Orten möglich sein."

Wie in einem Schmelztiegel kommen im Nahen Osten die wichtigsten Themen der Menschheit zusammen. Er ist ein Akupunkturort der Erde.

In diesem Jahr begann das Engagement von Tamera in Israel-Palästina. Viele Reisen in den Nahen Osten, Friedenscamps mit Teilnehmern beider Seiten, in denen man tief in die verschiedenen Aspekte des Konfliktes hineinhorchte. Aus dem, was dort berichtet wurde, machten die Studenten ein Theaterstück mit dem Titel „Wir weigern uns, Feinde zu sein". In den folgenden Jahren wurde es in Tourneen durch Deutschland, Schweiz und Österreich und später durch Israel-Palästina mit großem Echo aufgeführt.

Für Benjamin von Mendelssohn, Vera Kleinhammes und einige andere entstand das Ziel, im so genannten Heiligen Land das erste weitere Friedensforschungsdorf aufzubauen. In Israel-Palästina entstand eine Kerngruppe aus Israelis, Palästinensern und Internationalen, die darüber nachdenken, im Nahen Osten eine Modellsiedlung in die Wege zu leiten. Tamera ist ihr Basislager, in dem sie sich ausbilden.

Der "Diskus" war Schauplatz der ersten Sommeruniversität.

Nach dem Hallenbrand fand die Ausbildung in Zelten statt.

Die so genannte "Gang" - eine neue Generation von Verantwortungsträgern

Sabine Lichtenfels bei der Eröffnung der Monte Cerro Friedensausbildung

Dieter Duhm und Sabine Lichtenfels auf dem Campus von Tamera

Solar Power Village

Im Sommer 2004 begann die intensive Zusammenarbeit mit Jürgen Kleinwächter. Der Physiker aus Lörrach war davon überzeugt, dass seine Erfindungen in Tamera mit dessen südlichen Sonne und dem Wissen über soziale Nachhaltigkeit das richtige Umfeld haben, um das von ihm entwickelte Solar Power Village unter Praxisbedingungen zu testen. Im gleichen Jahr wurde der Grundstein für das erste Energietreibhaus in Tamera gelegt.

GRACE – Globalisierung des Friedens

2005 war das Jahr der ersten Grace-Pilgerschaft und gleichzeitig das Jahr, in dem die Freundschaft und enge Kooperation zwischen Tamera und dem Friedensdorf San José de Apartadó in Kolumbien begann. Seit dem ersten Besuch im Frühjahr 2005 verging kein Jahr ohne gegenseitige Besuche, Ausbildungszeiten oder Hilfsaktionen. Die Welt rückte näher. Aus einer abstrakten Nachricht über ein fernes Land war wahre Anteilnahme geworden. Die Menschen, die in aller Welt unter den Folgen der Globalisierung leiden und sterben, sind keine Nummern, sondern Freunde. Es wurde für alle Beteiligten fühlbar und wahrnehmbar, dass sie mit dem Aufbau lokaler Zukunftsmodelle an einer Globalisierung des Friedens arbeiten müssen.

Monte Cerro Friedensausbildung

Auf den 1. Mai 2006 hatte Tamera lange hingearbeitet. Friedensgruppen und Gemeinschaften in der ganzen Welt wurden informiert, eine erste, noch provisorische Infrastruktur für 200 Studenten aufgebaut. Seit 2006 finden jedes Jahr mehrere Einheiten der Friedensausbildung statt, die sich inzwischen zum Globalen Campus vernetzt und erweitert hat.

Wasserlandschaft

2007 begann der Aufbau einer Permakultur-Wasserlandschaft in Kooperation mit Sepp Holzer. Am 31. Dezember 2009 war der See 1 zum ersten Mal ganz voll. An der Wasserlandschaft und der Permakultur wird ständig weiter gearbeitet, insgesamt soll sie mehr als zehn Retentionsbecken umfassen. Sepp Holzer gibt regelmäßig Permakultur-Seminare in Tamera, im Rahmen des Globalen Campus.

Globaler Campus

2008 fanden die ersten Ausbildungseinheiten des „Globalen Campus“ außerhalb von Tamera statt. Im April leiteten Sabine Lichtenfels und Benjamin von Mendelssohn eine Ausbildung von Israelis und Palästinensern im Tent of Nations bei Bethlehem. Im Oktober leiteten sie dann gemeinsam mit Padre Javier Giraldo eine Pilger-

Die „Grüne Oase“ am Campus, bevor sie grün wurde

GRACE-Pilgerschaft durch Portugal 2009

schaft und eine Friedensausbildung in Kolumbien, im Friedensdorf San José de Apartadó. Gemeinsam mit der Universidad de la Resistencia war das Programm festgelegt worden. Es ging vor allem um eine Ausbildung in Fertigkeiten, die ein Friedensdorf autonom machen: Autonomie in der medizinischen Versorgung, Energieerzeugung, Lebensmittelverarbeitung, Trinkwasserreinigung, aber auch kulturelle und soziale Autonomie.

Pilgerschaft in Portugal und Eröffnung des SolarVillage-Testfeldes

An Ostern 2009 beschloss Sabine Lichtenfels, die Pilgerschaft erstmals in Europa durchzuführen: durch Portugal. Sie wollte damit ein Zeichen der Versöhnung setzen und tragende Kräfte in Europa auf die Alternative aufmerksam machen, die darin besteht, Friedensmodelle aufzubauen.

Die Pilgerschaft begann in dem urgeschichtlichen Steinkreis Almendres bei Évora, verlief über Torrão, Grândola, Sines, Odemira und endete im zeitgenössischen Steinkreis des Friedensforschungszentrums Tamera. Damit sollte sie den Weg von der urgeschichtlichen Utopie einer frühgeschichtlichen friedlichen Stammeskultur bis hin zu einem globalen Modellprojekt für eine humane und friedliche Zukunftskultur nachvollziehen. Eingeladen waren Friedensaktivisten, Pilger, Visionäre und Aufbruchskräfte aller Altersstufen, aus Portugal und allen anderen Ländern.

Die Pilgerschaft fand im Oktober statt und endete mit der Eröffnung des Testfeldes für ein SolarVillage, das in rasanter Aufbauarbeit fertig gestellt worden war. Es kam zu zahlreichen Fernseh- und Zeitungsbeiträgen in Portugal und anderen Ländern.

Schule der Zukunft

Mit der Veröffentlichung des Textes „Nach 2012" startete Dieter Duhm im Mai 2010 die Schule der Zukunft. Sie informiert und versammelt Friedensarbeiter weltweit und verbindet sie in einem Geist der Solidarität und des Aufbruchs. Die Vision ist, dass sich auf diese Weise eine planetarische Gemeinschaft für den Frieden findet.

Die Nachfrage und das Interesse an der Arbeit von Tamera haben in den letzten Jahren stark zugenommen. Heute informieren regelmäßige Kurse, Seminare, Kongresse, Führungen und Tage der Offenen Tür Interessenten über die Arbeit.

Die Tamera-Gemeinschaft freut sich über das rege Interesse und die Anteilnahme an ihrem Projekt. Sie braucht sie auch, denn die vor ihr liegenden Aufgaben verlangen eine gute Kooperation mit den zuständigen Behörden, mit Naturschutzorganisationen, mit Nachbarn, mit allen regen Geistern.

Sabine Lichtenfels: „Wir wünschen uns, dass das Land im vollen Umfang von unserem Projekt profitiert."

Eröffnung des Testfeldes im Oktober 2009

Weitere Informationen

INVESTIEREN IN DEN FRIEDEN!

Mein Name ist Charly Rainer Ehrenpreis; ich bin zusammen mit einem wachsenden Team von Mitarbeitern verantwortlich für die Finanzen von Tamera.

Ich bin 1953 in Köln geboren, habe 1977 in Göttingen das Diplom in Physik gemacht und war 1978 zusammen mit Dieter Duhm und Sabine Lichtenfels einer der Gründer des Projekts der Heilungsbiotope und Friedensdörfer. 1995 gründeten wir in diesem Rahmen das Projekt Tamera. Nebenbei bin ich Musiker – Gitarrist und Sänger – und habe verschiedene CDs veröffentlicht.

Was meinen wir mit dem Begriff „Investition in den Frieden"? Tamera ist kein Profitunternehmen, sondern ein Forschungs- und Ausbildungsprojekt zum weltweiten Aufbau von Friedensdörfern und zur Ausbildung von Friedensarbeitern. Investitionen in solche Friedensprojekte generieren keine finanzielle Rendite. Um so mehr generieren sie Lebensqualität und neue Kulturbildung. Es vermehren sich, wenn unsere Projekte gelingen, die Heilkräfte auf der Erde. Es vermehrt sich eine Frieden schaffende Intelligenz und ein Bewusstsein von den Erfordernissen einer wirklich gewaltfreien Kultur. Und es vermehren sich für immer mehr Menschen die Möglichkeiten, ein sinnvolles, heilendes und erfülltes Leben zu führen. Eine „Investition in den Frieden" erzeugt also nicht eine finanzielle Rendite, sondern eine, die dem Frieden und dem Aufbau neuer Lebensstrukturen dient. Nachfolgende Generationen werden es Ihnen danken.

Sie sind eingeladen, Tamera finanziell zu unterstützen, sei es mit Spenden oder mit Darlehen. Die Spenden finanzieren die ökologischen und technologischen Forschungsprojekte, die Friedensausbildung, die Pilgerschaften in Krisengebieten, den Aufbau des „Globalen Campus" sowie das Kinderprojekt und dessen eigene Schule. Darlehen nutzen wir für den Kauf von zusätzlichem Land für die Erweiterung des Tamera-Geländes.

Darüberhinaus brauchen alle Vorhaben von Tamera einen stabilen Basishaushalt, aus dem die Grundkosten der Infrastruktur, des Ausbildungsbetriebes und alle laufenden Kosten gedeckt werden. Deshalb ist eine weitere Möglichkeit der Unterstützung der Eintritt in den „Großen Ring" des Förderkreises.

Mit einem monatlichen Beitrag in der Höhe ihrer Wahl werden Sie Teil der Verwirklichung und Teil der wachsenden planetarischen Gemeinschaft, die Friedensmodelle weltweit ins Leben ruft.

Wir danken an dieser Stelle ganz herzlich allen, die uns bereits unterstützt haben oder immer noch unterstützen.

Mögen immer mehr Menschen gemeinsam „Hüter des Traumes" von Tamera und Mitträger einer globalen Friedensvision werden!

Wenn Sie uns unterstützen möchten oder Fragen haben zur Ökonomie unseres Projektes, schreiben Sie mir bitte an meine E-Mail-Adresse:

Rainer.Ehrenpreis@tamera.org

Tamera unterstützen: Investieren in den Frieden ▸ www.tamera.org

"Wenn Sie Tamera finanziell unterstützen, investieren Sie in die Entwicklung einer neuen Kultur. Möge dieses Projekt Ihrer eigenen Freude und Entwicklung dienen, mögen Sie voll davon profitieren, möge es Ihrem weiteren Engagement im Rahmen der globalen Friedensarbeit dienen, möge es Inspiration und Lebensperspektiven bieten - Ihnen, Ihren Freunden und Ihren Kindern."

***Sabine Lichtenfels**, Mitgründerin von Tamera*

STATEMENTS ZUM SOLARVILLAGE VON TAMERA

Um das Projekt SolarVillage bekannt zu machen und Kooperationspartner zu finden, bat Tamera vor einigen Jahren verschiedene Initiativen und Persönlichkeiten um eine Einschätzung. Hier einige Auszüge dieser Statements:

LANDKREIS ODEMIRA

In Anbetracht des wissenschaftlichen, architektonischen und ökologischen Wertes des Projektes erachtet die Kreisverwaltung von Odemira das „Solar Village" als wichtig für den Landkreis von Odemira und empfiehlt, diesem Pilotmodell alle Unterstützung der zuständigen Institutionen und Organisationen zu gewähren.

António Manuel Camilo Coelho,
Präsident des Landkreises von Odemira bis 2009

TAIPA

Vereinigung für die Regionalentwicklung des Landkreises Odemira

In Anbetracht der wachsenden Einbindung der Gemeinschaft namens „Tamera" sowohl in die von „Taipa" veranstalteten Aktivitäten für die Erhöhung der Lebensqualität im ländlichen Bereich und die Wertschätzung der Identität, als auch des klaren Wachstums der Öffnung in die umgebende Region im Sinne der Integration und des gegenseitigen Lernens;
in Anbetracht dessen, dass diese Gemeinschaft sich lokal und international in anerkannte Weise einbringt, was sich in der Zusammenarbeit mit der lokalen Administration und im internationalen Einfluss ihrer lokalen Aktionen zeigt;
in Anbetracht des „SolarVillage", das eine Perspektive der nachhaltigen Entwicklung verkörpert, die ja auch dem Kern der Philosophie von Taipa entspricht,
stellen wir fest:
dass „Taipa" mit großem Interesse auf das „SolarVillage" schaut, dass es in noch zu definierender Art daran teilnehmen wird und empfiehlt, dass auch andere Forschungskörperschaften daran teilnehmen.

Helder Guerreiro

ANIMAR

Portugiesische Vereinigung für Regionalentwicklung

Das interdisziplinäre Forschungs- und Ausbildungsprojekt „Solar-Village" in Tamera hat die gleichen Ziele wie „Animar", nämlich die ortsansässige Innovation zu fördern. Es bringt technische und soziale Dimensionen zusammen. Wir erkennen an, dass die Initiative gleichzeitig Arbeitsplätze und Ausbildungsplätze schafft, indem sie langfristige ökonomische und ökologische Interessen zusammenbringt. Dieses Projekt steht im starken öffentlichen Interesse und sollte mit öffentlichen Mitteln unterstützt werden.

Luis Moreno

ANA FIRMINO

Assistenz-Professorin für Geographie und Regionalplanung an der Neuen Universität, Lissabon

Um zu Verbesserung der nachhaltigen Energienutzung beizutragen, empfehle ich der Europäischen Union, das Projekt zu unterstützen, das von der Gruppe Tamera aufgebaut wird. Es ist besonders für kleinere Länder wie Portugal sehr interessant.

HOCHSCHULE FÜR AGRARWIRTSCHAFT, BEJA

Nachdem ihm das Projekt „SolarVillage in Tamera" präsentiert wurde, sagt Jose Eduardo Duarte Regato, der Vorsitzende des Direktorates der Hochschule für Agrarwirtschaft von Beja, dass dies ein guter Beitrag für die ländliche Entwicklung sein könnte, der Arbeitsplatzschaffung ermöglicht und viele lokal vorhandene Materialien verwendet.
Die Verbindungen zwischen dem Gebrauch der Solarenergie und der Entwicklung von nachhaltiger Landwirtschaft sind sehr stark und können ein guter Beitrag zur Entwicklung einer nachhaltigen Ökonomie sein, zur Verminderung des Treibhauseffektes und zur Steigerung der Energieautonomie.

Die Idee, die mit diesem Projekt präsentiert wird, ein Netzwerk aus Ökologie, sozialer Organisation und traditioneller Architektur zu schaffen, ist ebenfalls wichtig und kann pädagogisch zu einer nachhaltigen Entwicklung dieser Region beitragen – und von anderen Regionen mit ähnlichen Problemen.
Die Hochschule der Agrarwirtschaft von Beja wird mit großem Interesse die Entwicklung dieses Projektes verfolgen und sie begleiten.
José Eduardo Duarte Regato

MARIE-ANNE ISLER BÉGUIN

Mitglied des Europaparlaments seit 2004
Ich möchte meine starke Unterstützung für die Initiative des SolarVillage in Tamera ausdrücken. Dieses innovative Projekt wird von wachsendem Interesse sein, da es Solartechnologie und erneuerbare Energien nutzt und eine ökologische Perspektive erzeugt, ein Ziel, für das ich fünfzehn Jahre lang im Europäischen Parlament gearbeitet habe. Ich unterstütze vor allem die Tatsache, dass das SolarVillage den vollen Gebrauch erneuerbarer Energien ermöglicht. Darüber hinaus ist es von großem Interesse für die Bevölkerung, da es Arbeitsplätze schafft, die die Umwelt respektieren, und damit beweist, dass es eine enge Verbindung zwischen ökologischer Technologie und Arbeitsplatzschaffung gibt. Darüber hinaus, wenn es nach Afrika erweitert wird, wird es eine realistische Hoffnung für afrikanische Dörfer bedeuten.

REBECCA HARMS

Mitglied des Europaparlaments seit 2004
Mit diesem Brief möchte ich dem Projekt SolarVillage in Tamera, Portugal, meine volle Unterstützung versichern. Es kombiniert die Förderung von Solarenergie und ökologischer und nachhaltiger Architektur in überzeugender Weise, zusammen mit einer positiven sozialen Entwicklung in der Gemeinschaft von Tamera.
Indem es die bestehenden Ressourcen und lokale Produktionsstätten nutzt, schafft das SolarVillage moderne Arbeitsplätze. Zusätzlich trägt das Projekt nachhaltig zu einer signifikanten Steigerung der Lebensqualität bei, indem es auf ökologisch vernünftige Weise Energie und Nahrung erzeugt.

MECHTILD ROTHE

Mitglied des Europaparlaments seit 1984
Das erste Mal habe ich das Projekt SolarVillage in Tamera im Januar 2005 gesehen. Das Konzept hat mich beeindruckt von dem Ausmaß eigener Energieproduktion und der Permakultur ebenso wie von dem sozialen Aspekt des SolarVillages. Das Projekt erzeugt nicht nur feste Arbeitsplätze, sondern verbessert auch die lokalen Verhältnisse. Darüber hinaus zog es meine Aufmerksamkeit an, weil es Ökologie und Technologie mit regionaler Bautradition und sozialer Gestaltung verbindet. Das Projekt verfolgt Ziele, die ich als Mitglied des Komitees für Industrie, Forschung und Energie ebenfalls für wichtig erachte. Es verdient Unterstützung in jeder möglichen Weise.

HERMANN SCHEER

Mitglied des deutschen Bundestages,
Präsident von Eurosolar
Ich möchte Sie zu Ihrem Projekt „Solar Power Village“ und die Etablierung eines ersten Demonstrations- und Transferzentrums in Tamera, Portugal, beglückwünschen.
Damit erfüllen Sie die auch von Eurosolar immer wieder hervorgehobene Prämisse, in den Entwicklungsländern nicht nur solar Technologien einzuführen, sondern diese auch so zu gestalten, dass sie durch lokale Produktion und weitgehende Verwendung lokaler Komponenten zusätzlich stabile Arbeitsplätze schaffen können.
Ihr multifunktionales Energietreibhausprinzip mit integriertem Heißölspeicher und kombiniertem Gemüseanbau kann stark zur Schaffung autarker, dörflicher Einheiten beitragen.

Für alle, die mehr über Tamera wissen möchten, empfehle ich die ausgiebige und oft aktualisierte Website. Für alle, die direkt in Kontakt treten möchten, sind hier alle aktuellen Kontaktinformationen. Und wer Tamera finanziell unterstützen will, kann die folgenden Kontonummern verwenden.

Tamera
Monte do Cerro
7630-392 Relíquias
Portugal

Postadresse:
Caixa Postal
7630-303 Colos
Portugal
www.tamera.org
office@tamera.org
Telefon: 00351-283 635 306

Bankverbindungen:

Schweiz:
Stiftung Förderfonds der Freien Gemeinschaftsbank Basel
Kontoinhaber: Verein Netzwerk/Tamera
Kontonr: 400.631.3
Clearing Nr: 8392 (BLZ)
Postscheck Basel: 40-963-0
IBAN: CH20 0839 2000 0040 06313
BIC: RAIFCH22XXX
Spendenbescheinigungen der Schweizer Stiftung Förderfond werden automatisch zugeschickt.

Portugal:
Associação para um mundo humanitário
Caixa Crédito Agrícola S. Teotónio
NIB: 0045 6332 4018 1786 5584 5
IBAN: PT50 0045 6332 4018 1786 5584 5
BIC: CCCMPTPL

WEITERE BÜCHER AUS DEM VERLAG MEIGA

VERLAG MEIGA
For a Future Without War

www.verlag-meiga.org

VERLAG MEIGA GbR
Inhaberinnen: Monika Berghoff, Saskia Breithardt

Waldsiedlung 15, **D-14806 Belzig**
Telefon: +49 (0) 33841-305 38
Fax: +49 (0) 33841-38550
(Bei Faxen außerhalb von Deutschland:
+49 (0) 1805 4002 218 202)

Vorankündigung
Sepp Holzer, Leila Dregger:
Wüste oder Paradies?
Holzer´sche Permakultur
in Südeuropa.

Die Dürre in Südeuropa ist keine Naturkatastrophe, sondern die Folge falscher Bewirtschaftung seit vielen Jahrzehnten.
Wie wir die Wüstenbildung aufhalten können, zeigt Sepp Holzer am Beispiel der Wasserlandschaft von Tamera und anderer Projekte in Spanien, Portugal, Italien und Griechenland. Das Buch zeigt und erklärt Wege eines natürlichen Wassermanagements, den Aufbau "Essbarer Landschaften", von Trinkwassersystemen und "Urban Gardening".

Erscheint 2010
ca. 70 S., viele farb. Abb.

ISBN port. 978-3-927266-31-5
ISBN engl. 978-3-927266-30-8
ISBN ger. 978-3-927266-29-2a

Sabine Lichtenfels:
GRACE – Pilgerschaft für eine Zukunft ohne Krieg

Das Buch ist die Geschichte einer Pilgerschaft von Deutschland nach Israel-Palästina. Die Autorin geht weite Strecken zu Fuß und ohne Geld. Sie hat sich entschieden, im Inneren die Strukturen aufzuspüren und zu verändern, die im Äußeren zu Krieg und Gewalt führen und entdeckt eine besondere Kraft. Sie nennt sie „Grace“. Im Namen von „Grace“ kommt es zu Hilfsaktionen und ungewöhnlichen Begegnungen; Mauern der Angst und der Wut, die lange verschlossen waren, öffnen sich. Mit großer weiblicher Autorität und Direktheit beschreibt hier eine Frau ihre Schritte gegen den Krieg.

2006, ISBN 978-3-927266-23-0,

geb., 296 S., 42 farb. Abb.,
17,80 €, 28,- SFr

Dieter Duhm:
Zukunft ohne Krieg -
Theorie der globalen Heilung

Das Buch enthält eine Sammlung von Vorträgen und Texten zur Theorie einer globalen Heilung. Die Theorie basiert auf von dem Gedanken, dass die materielle Welt aus Energie und Information besteht und folglich auch durch neue Informationen verändert werden kann. Die Theorie erklärt, wie diese Information erzeugt wird und wie sie im Ganzen des Erden- und Menschheitskörpers wirkt. "Die Erde ist heilbar, wie auch ein menschlicher Leib heilbar ist, wenn man ein entsprechendes Medikament verabreicht."

2006, ISBN 978-3-927266-22-3,

geb., 160 S.,
12,80 €, 19,80 SFr

Dieter Duhm:
Die heilige Matrix – von der Matrix der Gewalt zur Matrix des Lebens

Das Buch ist das umfassende Grundlagenwerk des Autors zur Frage, was zu tun ist, um die Erde von Krieg und Gewalt zu befreien und eine Globalisierung des Friedens einzuleiten. Um zu einer fundierten Antwort zu kommen, werden alle Quellen menschlichen Wissens miteinbezogen, modernste Erkenntnisse aus Naturwissenschaft, Politik und Geschichte, aus Chaosforschung, Holographie, Religion und Ökologie. Das Ergebnis ist eine Offenbarung.

2001, ISBN 978-3-927266-14-8,
geb., 464 S.,
24,90 €, 44,- SFr

Sabine Lichtenfels:
Tempel der Liebe – Reise in ein Zeitalter der sinnlichen Erfüllung

Eine abenteuerliche Reise, die vom Steinkreis Almendres in Portugal zu den Tempeln von Malta führt, wird zu einer Reise durch ein neues Hologramm der Geschichte. Die Tempel wirken auf sie wie Antennen in eine weit zurückliegende Zeit und vermitteln ihr Beschreibungen und Bilder derjenigen gewaltfreien Kultur, welche einst diese Bauwerke schuf. Der Blick in die Vergangenheit öffnet ein Tor für einen möglichen Aufbruch in eine humane Zukunft.

2009, ISBN 978-3-927266-19-3,
geb., 296 S.,
19.80 €, 26,90 SFr

Sabine Lichtenfels:
Weiche Macht. Perspektiven eines neuen Frauenbewusstseins und einer neuen Liebe zu den Männern.

Die Autorin beschreibt in diesem Buch anhand ihrer eigenen Biographie Stationen eines Frauenlebens: Ehe, Scheidung, alleinerziehende Mutter und schließlich der Aufbruch in eine neue Art des Frauseins. Sie entdeckt ihre weibliche Quelle und entwickelt daraus die Vision einer friedlichen Kultur, die auf der Balance zwischen weiblichen und männlichen Kräften beruht.
Ihr Buch endet mit 24 Thesen für eine neue Frauenbewegung

1995, ISBN 978-3-9805234-0-0,
Pb, 260 S.,
16.40 €, 22,80 SFr